[泰]娃娃 著

李巧娅 译

可爱东京小旅行

Tokyo GUGGIG Guide

重庆出版集团 重庆出版社

第21回　　上野の森美術館
和紙ちぎり絵創作展

115

入 場 券（高校生以上　500円・税込）
主催　　ハクビ和紙ちぎり絵学院

N 35°43′30″ E 139°48′00″

0　　　　　　250　　　　　　500m

JR
Minamisenjyu Sta.

KOBAN

Subway
Minamisenjyu Sta.

三ノ輪
Subway
Minowa Sta.
EXIT
No.3

KOBAN

OZEKI
YOKOCHO

NAMIDABASHI

McDonald's

O'S HOUSE
JEANS

YAMAHA

LAWSON

EXIT
No.2

EXIT
No.1a

MINOWA2

meiji-dori

MINAMISENJU 2

ECONOMY HOTEL
NEW KOYO
エコノミーホテル
ニュー 紅陽

square

かの
うどん
ふや

EXIT
No.1b

www.newkoyo.com

新宿

［クレ
おね
会 ね
V I
ラ］

商品区分　　額
金　　　　額
その他

去日本咯!
东京，我来啦!

推荐序一

不同的人 不同的东京

　　不久前，我在我的第一本书《东京没有腿》中也使用了这个标题。那本书的内容应该还没有过时，有兴趣的朋友不妨把它和这本《可爱东京小旅行》一起看，一定会觉得东京更可爱、更有意思。

　　好了，广告时间到此结束。

　　回到正题。我有很多去过日本的朋友，回来后给我说了很多在日本旅游时的趣事。尽管不同的故事有着不同的味道，但所有回来的人都表示，他们迷上了东京，爱上了这座城市。他们曾多次来到东京，去感受，去观察，去品尝，去触摸，他们以自己的方式爱着这座城市。有人告诉我，每去一次，都能发现它的不一样。这句话很对，就像没有完全相同的人一样。

　　我的一个朋友计划以《七龙珠》中所出现的所有东京地点为背景进行创作。他带着《七龙珠》的漫画，登上了飞往东京的飞机，开始了寻找漫画中的场景之旅，最终他真的拍到了很多与漫画相似的照片。

　　我的天啦，真的很像！

　　这些场景在其他人眼中也许没有太大意义，不过是某个地铁站的一段楼梯，或者某个普通公园旁边的一段城墙。而对于我的朋友来说，它们和金字塔、泰姬陵一样珍贵。他曾经非常自豪地邀请我看他拍摄的一段光秃秃的城墙，两眼放光地说是中国长城。他还说每次看到和《七龙珠》里场景相似的照片，就激动得眼泪都要出来了。"看着吧，我一定会把里面的场景找齐的！"

　　朋友为了他近乎疯狂的热爱和自豪，投入了不少金钱。而我，是绝对做不到的。

　　他所推荐的很多地方，都是值得一去或者会让人深深想念的好地方。哪些人会想念哪些地方，则各有各的感受。而对于我的朋友，那些与漫画中相似的场景，就是他日夜思念的理想胜地。

　　不同的人们，用不同的视角，看到不同的世界。

　　所以在不同的人眼中，有着不一样的东京。

　　正因如此，我才更喜欢看别人眼中的东京故事。我想知道它有什么其他的特点，有什么还没被发现的迷人之处。有些东西我们可能并不在意，有些风景也许我们还没能遇见。

　　这本旅游书，让我更深入地了解了娃娃这个作家，也听到了更多她的东京旅游故事。这些故事，让她的书变得与众不同。与《孤独星球》这种普通的旅行必备指南书不一样，《可爱东京小旅行》是一本超可爱的东京自由行书籍。全书以一种轻松的视角看待东京，保证你在阅读时，除了能感受其可爱风趣的风格外，还有一种恨不得马上说走就走去东京旅行的冲动。

在本书中，娃娃非常注重很多大家不在意，或者根本没发现的细节，比如彩虹桥上有着可爱卡通形象的指路牌，东京中城里在阳光照射下的树木图案的壁纸，道路旁被蓝色包装纸包着的花束，还包括很多有意思的小店。即使你不买东西，逛逛这些东京的可爱小店，也有种看博物馆展览的感觉。哎呀，下次我再去，一定要好好逛逛这些地方！

东京有着太多值得被发现的美好呀！

娃娃在介绍这些事物时，内容详尽，风格幽默，语言活泼，让读者觉得舒心快乐。

现在的旅游介绍类书籍琳琅满目，让人眼花缭乱不知从何下手。而娃娃的这本书，有着自己的可爱特色，是一本有个性，有目的，有着独特风格的作品。从她的作品中，你能感受到另外一个不同的世界，一个完全不一样的东京。

记得有一次，我和一位同事一起去冰淇淋店吃东西，同行的还有她的秘书小莫。到了店里，小莫问我吃什么口味的，我说我只吃巧克力味的。她又问同行的同事，同事说："看你喜欢什么口味，我吃和你一样的就行，自己喜欢的口味经常都吃，偶尔改变一下也不错吧，今天就吃你喜欢的吧。"

现在我也会吃别的口味的冰淇淋，因为我偷偷尝了同事和小莫的，发现虽然巧克力口味真的好吃，但其他口味其实也很棒。

很多时候，人活在这个世上就是为了把自己喜欢的东西分享给他人！

纽加隆（旅行作家）

推荐序二

不一样的人，一样的东京，共同的世界

　　我经常给别人说，我去过日本二十多次却一点都不觉得厌烦，仍然有再去的冲动。他们总是问我，到底是什么深深地吸引了我。我只能说是因为它的可爱。尤其是看了娃娃的这本《可爱东京小旅行》之后，我才知道原来有人与我有一样的观点。这本书中收录了很多可爱的小店和绝对吸引眼球的各式小玩意儿等。想来看过此书后，那些没去过或者已经去过日本的人，都恨不得马上去一趟。请一定去感受属于东京的可爱魅力，它一定会让你流连忘返。

瑟里娅贡·蒲噶雯（杂志社编辑）

自序

我的小世界

　　我第一次正式写作是刚上大学那会儿。我用专门的本子写一些小短篇，只当是闹着玩地写给朋友们看，写过两三次之后就开始慢慢增加字数。哪怕没有读者，我也把自认为有趣的事情记录下来。

　　我能与Polkadot结缘，多亏了一位大哥的鼓励。我们一直有出一本书的想法，而这本《可爱东京小旅行》是我们投稿给出版社的第一本书，说实话我实在没信心，好在大哥给了我很多鼓励，才让我坚持下来。

　　直到今天，对于这本书，我依然有一种别样的感情。我自己是不喜欢想书名的，给出版社说过这个情况后，他们就根据我的意愿取了《可爱东京小旅行》这个名字，希望人们能轻轻松松地旅行。这本书也是"小旅行"系列的第一本，后面还陆陆续续出了很多旅游方面的书。我希望所有人都能陶醉于这个小小世界中。

CONTENTS  目录

CONTENTS 目录

cune

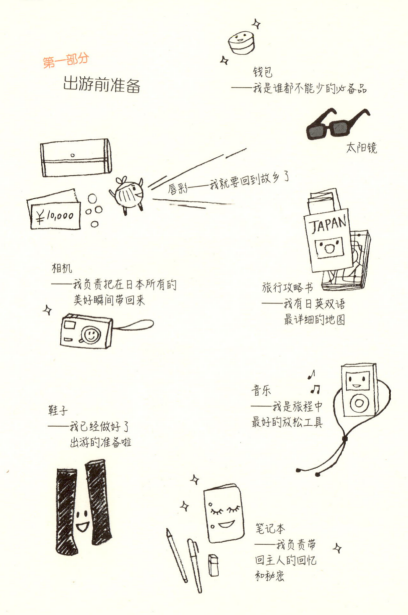

第一部分

出游前准备

钱包
——我是谁都不能少的必备品

太阳镜

唇彩——我就要回到故乡了

¥10,000

相机
——我负责把在日本所有的
美好瞬间带回来

旅行攻略书
——我有日英双语
最详细的地图

JAPAN

音乐
——我是旅程中
最好的放松工具

鞋子
——我已经做好了
出游的准备啦

笔记本
——我负责带
回主人的回忆
和秘密

应该不缺什么了吧!

?

便宜的旅店
——穷游者的天堂

　　在去东京之前，除了做好完备的计划，提前订好酒店也是重要环节。想要住到令自己满意，价格又实惠的酒店，不妨从网上直接预订，这样既能保证有住的地方，又不必花费过多寻找酒店的时间。提前把房间订好绝对是最稳妥的做法，尤其是在旺季的时候（每年3—4月份是东京最漂亮的季节，因为樱花全开了），如果不想花高额的住宿费，那就提前订好酒店吧。（我二月份开始订房间，就已经有好多酒店被预订满了）

　　在东京，旅客可以选择各种价位各种档次的酒店。如果你想找那种又好又便宜的，那就可以选择背包客经常光顾的小旅馆，这样可以节约很大一笔旅游费用。这样的酒店价格大概是每人每晚750泰铢（人民币约150元）。还有一种日式传统旅店，房间里没有床，只有日本传统的榻榻米，门是可以滑动的木门，有着浓郁的日式风情，价格一般在1500泰铢（人民币约305元）以上。如果你想要最便宜的，还有一种只提供单纯住宿的旅店，你只需交很少的钱就能住一晚。这种地方比较适合单身旅行的男士。

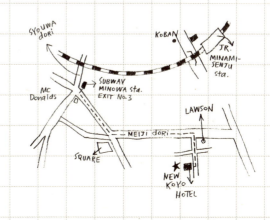

　　光是订好酒店是不够的，尤其是在旺季，你会发现价格适合你的酒店经常都没有，只能再找。这时候你需要在网上搜索 "cheap hotel tokyo"，就会发现有一家叫做 New Koyo 的背包客旅馆，是东京最便宜的住宿地（价格在 750 泰铢一晚左右）。你可以发邮件过去询问房间讯息，幸运的话，还可以订到至少 4 天的房间。到时候，你只要带上打印的地图和邮件信息，东京之行就万无一失啦！

　　要找到 New Koyo 的位置实在不容易。到达东京之后，要先想办法去新宿站，如果能遇到好心人带着走到 Minami-Senju 站最好，因为就算提示再多，对我们这种新手来说还是很困难。幸运的是我们遇到了一位虽然交流起来有困难，但十分好心的大婶。大婶一路上热情地想和我们交流，我们却只能以笑容回应。后来我们发现离车站越来越远，便开始怀疑是不是走错了路。但考虑到拖着大包小包的行李，干脆就相信她一回，然而最终还是不得不求助警察。我们说明了要去的位置后，警察和大婶交流了一阵，好像也不知道怎么走，还开始有了不同的意见。最终大婶没听警察的建议，不一会儿就把我们带到了目的地，简直是太棒太好心了。我们对大婶千恩万谢，她只是笑着点头，又笑着离开。

这种便宜的背包客旅馆或者普通的传统日式旅馆，卫生间和浴室都是公用的（放心，至少是男女分开的），还有很多设施也是公用的。日式的房间很小，只够放下榻榻米和床垫。如果是有床且自带卫生间的西式酒店，那么价格也相对高一些。订之前有必要想清楚。其实公用卫生间和浴室也还好啦，最多有时候排队的时间长点。切记，洗澡的时间不要太长，免得遭受其他等待的人怨恨的目光。洗澡的时候需要注意时间，因为使用浴室的时间是因男女而不同的。有些地方的浴室还配有浴缸，洗澡之后可以像泡温泉一样好好享受一番。New Koyo 浴室门口挂着一幅卡通图，图案上一个女孩打开门，满脸惊讶的表情，发现里面一群男生正在泡澡。这是提醒大家注意使用时间，不要超过规定的时间。

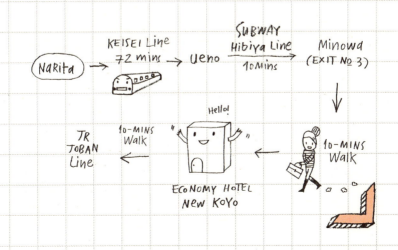

厨房里有免费的饮用水，开水、凉水和绿茶都有，还有一个冷柜，水杯需要自己准备。水槽旁边有一个专门用于过滤水中杂质的工具，可以看出日本人非常注重生活清洁。每天出去游玩之前，我都要准备一大杯绿茶带上，这里的绿茶特别好喝。

淋浴室是男女分开的，来晚了的人也不必担心。浴室门前有按摩椅，你可以在这里坐着按摩一会儿，缓解一天的疲劳，这简直是天堂般的享受。

这里还有自行车出租，按天计算价格。在这里，自行车是出游的最佳交通工具，因为离车站很远。可惜我不会骑，只能借助我的两条腿了。

New Koyo 旅馆的老板是三个很热情的人。他们每个人都很特别，让人印象深刻。

第一个叫做黑波比。长相看似猥琐，其实是个好心大叔。他身强体壮，秃顶，每次说话时总是一本正经的样子，让人心生畏惧。和他接触后才发现，他人真的很好。每次借用他家里的电脑，他都热情得很，从来不收费。

第二个叫做塔卡森。每天下午，这位大哥总是站在前台做接待，主要任务是带客人了解旅店的规则。而早上他就要负责旅馆的卫生。我们基本上没看到他休息的时候，他随时都在工作。他不是很爱笑，每次对他微笑，他总是僵硬且略微害羞地回应。

最后一位是个漂亮姐姐。长相甜美，有一头长长的黑发，声音柔美动听。这个姐姐也很好心，我们每次出门，她都会给我们准备地图，并标注各个车站的位置和名称。如果我们去的地方她也不清楚，还会打电话帮我们问清楚。根据她提供的路线，我们出游时是绝对不会迷路的。

路边的花儿

　　我去日本旅游时正值春季，百花盛开。除了最负盛名的樱花，路边还有非常多的花儿竞相开放。它们全是勤劳的日本民众的杰作。

　　日本人很喜欢栽种鲜花，家里只要有空地，就会摆上大大小小的花盆，撒上花种子，等待开出漂亮鲜艳的花儿。有些家里没有多余的空地，就会在墙壁或门上挂上吊花，为家增添了一抹鲜亮的色彩。

　　有一次经过一位大哥的门前，我发现他家里栽种了非常多的鲜花，就像花店一样。但奇怪的是，这么多色彩鲜艳的花儿却没有花香味，花枝也不如常见的茂盛。

　　街道的两旁，到处都是鲜花的身影。它们遍布城市的各个角落，向世人宣布：春天真的来临了！

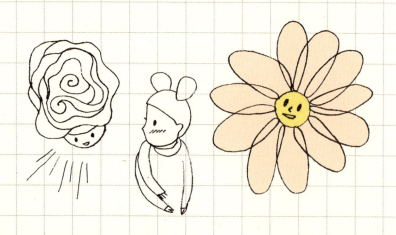

　　路过花店，里面摆满了各种鲜艳的花朵。我悄悄地观察了一下，店家用蓝色的包装纸把花包装成小束。大朵的花里会插入颜色对比强烈的小花儿做装饰。花束都不大，拿在手中也不会有不好意思的感觉。相信那些收到这样可爱花束的人，也一定非常高兴吧！

面包的味道

　　想象一下，你正走在一条小巷里，突然出现了一家面包店，老板正把香喷喷的面包从烤箱里拿出来放到门口的橱窗里。各式各样的面包整齐排列着，散发出诱人的香气。有的面包上点缀着坚果仁，裹着一层黄油的羊角面包被烤得外脆里嫩。这一切都出自面包店老板的手艺，他正悠闲地享受面包的香味，那是一种刚刚出炉的新鲜烤面包的独特味道。每天早上散发出的这种香味，吸引着越来越多的东京人。

　　一般的面包店早上八点半到九点开门，这时候出炉的面包香味最浓。买的时候选择纯手工现烤的面包，特别是在那种能够看到现场烤制过程的面包店，隔着玻璃都能闻到浓郁的面包香味。你只需稍等片刻，装在纸袋里的面包就能送到你手上。

日本有很深的包装文化，跟泰国一样，人们喜欢把书的封面包起来。但和我们经常用的透明塑料不同，为了更好地保护环境，他们使用的是不会污染环境，更容易被降解的包装纸。包装纸上还印有小型图案，一般是书店的商标，正好给自己的店打个广告。

坐火车时，碰到有人看书，我都会很想知道他看的是什么书。明知道不可能和人家一起看，我却还是抑制不了好奇，就只有更认真地盯着人家的封面看，然而只能看出书是在什么地方买的。有一些女孩子，还会专门到文具店买一些像布一样的纸专门用来包封面。

这不禁让我想起了小时候。那时候我也喜欢包课本的封面，还有妈妈的很多书，都是用蓝色的纸包起来的。我们一般用日历纸，这样课本就会不那么容易变旧。再次在日本看到这种包书文化，让我突然间有了一种亲切感。

如果你也想把这种包装文化带回去，不管你在哪家书店买书（Kinokunyiya, Tsutaya, Book 1st Book Sanseldo, Libro 这些书店在东京都有很多分店），在店员询问你是否需要包起来时，一定要点头。他们会以最快的速度帮你把书包装好。

小小空间

　　如果你去过日本，就应该知道日本有着很高级的卫生间设施，在马桶坐垫四周有加热装置，在冬天的时候特别适用，坐下去再也不会觉得冷冰冰的。此外，还有音乐播放功能，可以边听音乐边方便，有的地方还有不同的歌曲供选择。你可以选择轻声播放，也可以调大音量，以遮盖某些尴尬的声音。喷水头用于方便后清洁，可以自由调节喷水位置和力度。还有消毒服务，用于清洁马桶坐垫，以便让其他人安心使用。每一个蹲位里都备有卫生纸，用于清洁坐垫等。

日式

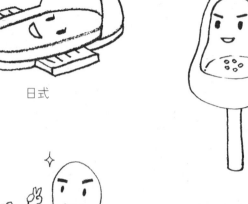

西式

传统日式

　　日本的卫生间分为两种。一种是传统日式的蹲便器。我第一次用的时候还有些混乱，不知道该面朝哪边蹲才对，还好有些地方有图解。问过当地人才知道，蹲的时候要面对有弯曲顶盖的一边。这个设计是在人们小便时想出来的，这样可以很好地避免弄脏卫生间的地面。

　　还有一种是西式马桶，上面有很多按钮，真的很高级。此外，我发现日本卫生间里面的垃圾桶真的特别小。一开始还以为是受卫生间面积的限制，但我后来发现在大的卫生间里，也只有那种特别迷你的小垃圾桶。特别人性化的一点是，他们的垃圾桶都有盖子，有可以打开的按钮或者踏板，但踩踏时必须特别小心，因为踏板太精细小巧。每次要扔垃圾之前，人们都会把纸折叠成很小的一块，因为怕占用了垃圾桶本来就很小的空间。若你们也想感受一下这样的迷你风格，那就快来日本吧！

　　不过，男生的卫生间也像女生的一样小巧可爱吗？

太不可思议啦

有谁跟我一样喜欢仰望天空吗?

每天我都喜欢看看今天的天空是什么颜色,空中的云朵汇成了什么图案。如果是晚上,一定要看看今晚的月亮是圆还是亏,星星多吗。但在东京,我建议大家低下头,看看脚下的路。

最初我也没有关注到东京的地面,后来看拍摄的照片,发现地面上有很多非常有趣的小图案。有可能这一段路的地面上是各种各样的小花朵,而在另外一条巷子里又是另外一番景象。在东京,看到最多的图案就是樱花,有大朵的,也有花瓣很小的。这些图案多是用于某种提示,用大家都喜欢的事物来做标记,真的是很棒的事情。

东京

自从发现东京地面上的这种细节，我就更加注意这些图案的变化了。比如在秋叶原，有些你一看就觉得好笑的玩具图案。有些地面还铺上了电器图案的花砖，我就看到过烧水壶的图案，暗示着这一带一定有很多卖电器的商家。如果需要购置任何电器制品，首先想到的一定是这里。在秋叶原，你可以买到所有你需要的家电用品。

阿姨

　　在银座、新宿和涩谷的大型商场高层，有很多"隐藏"起来的阿姨们。

　　说她们是"隐形人"，是因为到这里的人们都只会关注漂亮的衣服和时尚用品，而少有人注意到她们。商场高层是传统日式风格，主要卖一些纪念品和具有地方特色的工艺品，衣服的样式也从各种花哨品种变为了和服。除此之外，还卖伞、布、纸张，以及很多打折处理的商品。风格一下子来了个大转换。

　　在我去的那家商场的顶楼，有很多阿姨正在举行如何正确简单穿戴和服的活动。她们是一群思想前卫，又热爱传统的阿姨。现在的和服穿戴和以前不同，是采用松紧带进行固定的，省去了很多麻烦。你会发现，大街上依旧有穿着和服的女子在车站等车。周六的下午，她们会在咖啡馆喝咖啡。在某些重要的场合或者聚会，她们仍旧会穿上这种代表日本文化和历史的服装。这也是一种保留历史不被遗忘的方式。

商业战争

　　日本被誉为商业大国，有着光彩夺目的销售策略。比如 Ranking Ranqueen 就有非常简单却不普通的卖点。他们的销售策略是只卖最受欢迎、最潮流的产品。他们把商品按不同的受众群体进行分类。皮肤护理、糕点、饮料、糖果、肥皂、洗发水、半熟制品、杂志、CD 等是女孩子们的最爱。而火车站附近的分店更注重把方便简单的物品和食物提供给行色匆匆的旅行者们，而不必让他们花过多的时间做选择。

　　这家店之所以受到大众特别是职业女性的欢迎，不仅是因为这里有最受欢迎的产品，还因为这里的产品在不断循环更新。这里是一个了解最新时尚的地方。很多时候你只看得到这里最畅销产品的图片，因为产品早就被抢空了。

超棒的店员

　　你曾经有过因为店员的温馨服务而购买其产品的经历吗？如果是这样，在东京，你肯定会忍不住把全部家当都拿出来购买东西了。

　　你们听说过日本人的躬身礼仪吗？当我来到这里亲身感受之后，真心被这些超棒的店员所感动。即使我们这些一般人进入高档奢侈店，也一点都不会觉得尴尬，因为不会有任何异样的眼光。

　　比如去商场买化妆品。东京的商场有专门的化妆品区域，里面有各种各样的化妆品品牌。店子里不仅有漂亮的店员对各种化妆品进行介绍，她们还教大家如何选择最适合自己的化妆品。需要给你试用或者讲解某些东西时，她们都会先向客人道歉，取得客人同意后才做。在你决定购买产品后，她们还会赠送许多赠品，并且教授其使用方法。当时她们就送了我卸妆湿巾、睡前保湿霜和泡沫洁面乳。之后，一位漂亮的店员拿出了许多圆形贴纸，贴在了我买的东西上。一开始我还以为是要写上英语，好让我分辨每种化妆品的用途，因为所有的产品都是日文包装。其实这些贴纸是用来提示这种化妆品每次的使用量的，因为不同的品种每次的使用量不同。这又是日本注重细节的一大体现。我恨不得马上回家试用。她们的服务实在是太周到了。而且，店员不会隔着柜台给客人东西，都是走出柜台，躬身弯腰把东西递到客人手中。

　　不管你是在街边小店还是大型商场购物，付钱时，店员是不会直接从你手中接钱的。他们都有一个专门放钱和找钱的小托盘。最初我也习惯性地把钱交到他们手中，但后来发现用托盘找零钱非常方便。一般日本人会在托盘下面垫上一层乳胶垫或者布料。这些细节更加体现了日本人对他人的尊重和谦逊。

脚贴

在满满两天的购物行程结束之后，你会发现这两天在东京所走的路比在曼谷一个月走的路还要多。

随之而来的就是各种脚酸脚痛的问题，双脚开始出现下地就痛的情况，腰背和肩部也都没能幸免。

但是，我们找到了一样能使酸痛情况减轻的东西。它是一个非常可爱的包裹（一个微笑着闭着眼的脚状包包，还有粉扑扑的脸蛋儿），里面放有一小袋药和一对贴在脚上的药贴，于是我们买了一个来试试。

一回到住的地方，我们就迫不及待地洗完澡，把之前买的药包拿出来贴上。里面附有详细的使用说明书。最初我们还小看了这个药膏的功效，想着最多能帮助减轻脚痛的情况，但是在看了使用说明书之后，才了解到此药膏对于腰痛、肩痛、脖子痛以及头痛都有很好的疗效，药效很不一般。

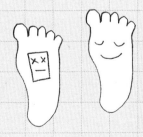

　　然后我们又试着贴在了脚的两侧，贴在左侧是为了治疗肩痛，贴在右侧是为了治疗腿痛。在贴完药贴之后就不可以走动了，因为药很黏稠，不能随意移动，还是等着看第二天早晨的效果吧。

　　第二天一醒来，我们就迫不及待地检查自身的情况，然而酸痛点也没有减轻，药贴没有任何效果。但是可以尝试很多奇奇怪怪的新事物，还是一种非常有趣的体验。

活力日本

　　不用觉得奇怪，在日本，你会遇见微笑的椅子、大笑的垃圾桶、带着笑脸的咖啡杯或者是众多栩栩如生的东西。因为在这个国度，几乎所有的东西，都能够用眼睛、鼻子、嘴把情绪全部表达出来，给人的感觉就像是在和我们打招呼一样。就连住宅的围墙上也画着正在打电话的卡通形象。如果停下脚步仔细欣赏，房主不但不会呵斥，还会微笑着和你打招呼并一直说谢谢。

　　在彩虹大桥的对面有个我们觉得非常有意思的地方。如果你翻开日本旅游指南，看到介绍 Odaiba（台场）的文章的话，作者一定会推荐你从彩虹桥过去，路程不远且值得一走。你可以一边欣赏桥两侧的美丽风景，一边呼吸桥上的新鲜空气，彩虹大桥真的就如它的名字一样美丽。

　　但是到了真正需要我们徒步的地方，就像到了车流不息的高速公路上一样，我突然就意识到是自己想象得太美好了。然而日本人好像早就知道人们的想法一般，在路的两边插满了各种可爱的指示牌一路陪伴着大家，让人们不至于太过失望。

スタイル

レインボーブリッジ遊歩道
日本の昔話コース

からすむら

芝浦口まで
あと約400m

スナッチが かわいい。
やわらかい フェイスタオル。
500えん

Tokyo

　　指示牌上面画着用来告诉我们已经走了的和余下路程的卡通人物。虽然我们不明白上面的话是什么意思，但是那些文字能让我们感到温馨，就像一路上都有朋友相伴一样。大桥终点的最后一个指示牌上面是鲜花和可爱的卡通人物，就好像在告诉我们幸福正在前方，又好像是在说"很高兴您成功了，这些鲜花就是您的奖品"，看到这一幕我们瞬间就把所有的劳累抛在脑后了。

　　台场是修建在东京湾的一座人工岛，以前这里是一片海域，之后被填海造成。台场目前是著名的购物场所和酒店聚集地，也有很多大型企业在此办公。但是在我们到达这里之前，从彩虹大桥走过来还经过了一座海滨公园，这里安静得有一种说不出来的感觉。或许因为这天是工作日，人们都还没有回来，所以这里给人一种缺少生活气息的感觉。走到另一条路上看见一个女人正在给小鸟喂食，几只小鸟正停在她的周围，在灰暗的大海背景下，这一幕给人的感觉真的是非常孤单。

在另一条路上，一位父亲正在同自己的女儿和小儿子放风筝，孩子们欢快的笑声和幸福的模样随着风筝一起缓缓地飞向了天空，这一幕使周围孤独的氛围一下子温暖了不少。

台场的Palette Town 大摩天轮是东京的标志性建筑。另外一座建筑就是富士电视台的球体展望室，它就像是动画片里能够辐射出能量的球体一样。

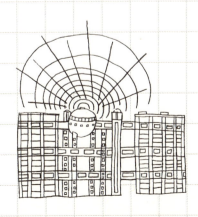

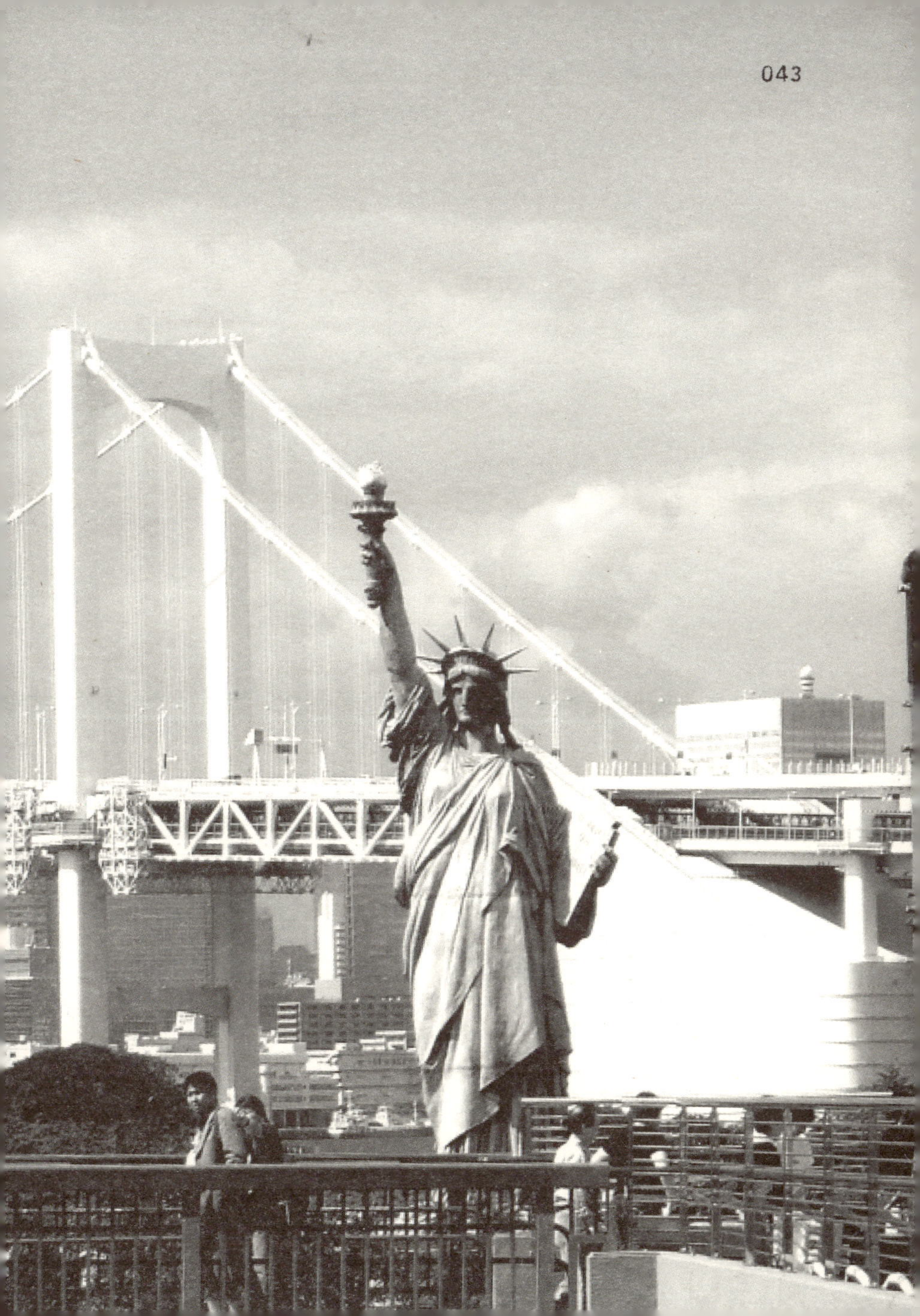

KYODO 站

在 New Koyo 住了三晚之后，剩下的日子就跑来妹妹（妹妹拿到了来日本读书的奖学金）的住处分享了大概一个平米的地方（这个屋子是有厨房的）。在妹妹帮助下我找了很多住处，几乎都住满了，之后收拾行李就来到了 Kyodo 站。

Kyodo 站是位于东京南部的商业中心，这里商品繁多，被称作购物者的天堂也不为过。一出站就能看见街对面的超级市场，这一路上布满了各种商店。

时装店：这里的衣服款式非常之多，价格也是高低不一，还能找到二手服装店。

投币式的拉面店：供人们填饱肚子。请一定要仔细看好再买，有时候图片会欺骗我们的眼睛。就像我们看着图片点了菜，心想这肯定是甜不辣，但是成品只是在拉面上撒了一层甜不辣粉，找不到一丁点的荤腥，不过吃起来还是很美味。

面包店：我们特别喜欢偷闻烤面包的香味。

柏青哥店：总会有小孩和大人在店铺还没有开始营业的时候排着队去碰运气。

还有 100 日元店，理发店也很多。一大早你就会看见"爬梯子"的人，他们是还没有成为发型师的学徒，必须从站在店门口发传单做起。

Kyodo Station

RICHTUNG ODAWARA — ODAKYU LINE — shimokitazawa — shibuya

soshigaya-okura, chitose-funabashi, Kyodo, gotokuji, umegaoka, setagaya-daita, shimokitazawa, ikenoue, Todaimae, Kamaba, shinsen

TODAY'S TABLE 3F

CAFE RESTAURANT

OPEN 11:00 - 28:00
LUNCH 11:00 - 15:00

TEL 03.5729.7160

047

TODAY'S
TABLE
LUNCH MENU
MON-FRI 11:00-15:00

TODAY'S
SPECIAL 国産牛ハラミのビステッカ羊
w/ポテト,マッシュルーム,

PASTA ¥900 スパゲッティーニ / ハーブマリネチキ

WEEKLY ALL 900 舞茸の柚子クリム
GREEN 真鰯のエスカベッシュとパプリカのサラ

PASTAピチボンゴレビアンコ w/ 菜の花,イタリアンパ

G
ークペッパー ステーキ & クラッシュポテト
ニメルオニオンソース

快来吃冰淇淋吧

在东京，除了有很多让人吃下去感觉清凉舒服的普通冰淇淋，还有一种我特别喜欢的品种——软奶油冰淇淋，外形和甜筒冰淇淋一样。每次从老板手中接过来，我总要数数看它到底有几层。

虽然看似普通，但这种冰淇淋的味道简直棒极了。有两种口味，一种是牛奶味，一种是抹茶味，有时候还有香草。我经常都为选择哪个口味而纠结。牛奶味甜而不腻，抹茶味略带苦味，每次都让人欲罢不能。

记得第一次吃软奶油冰淇淋时，我觉得简直是人间美味。当它融化时，不会像纸一样折断，而是像奶油一样慢慢流下来，散发出迷人的香味。

之所以会一而再地去吃这种软冰淇淋，是因为那份儿时的回忆。每当边走边吃或者用舌头舔快要融化的奶油时，我会开心得像回到了孩童时代。有时候一边吃一边看新奇，转眼间一个冰淇淋就吃完了，只得跑回去再买一个！

049

想品尝这种冰淇淋的话，去寺庙或是一些社区都很容易找到，像浅草区、上野公园就有好几家店供人们选择，建议大家多去试吃几家，因为味道各不一样，糖多糖少可按自己的喜好选择。

　　买好冰淇淋之后，我边走边吃来到上野公园。这是一个有着上百年历史的公园。春天，整个公园都会开满粉红色的樱花，花开一两周之后就开始凋谢，届时花瓣会铺满整个公园的地面。一边吃着冰淇淋一边走在铺满花瓣的小道上，耳边还伴着小鸟的歌声，请不要将此时的幸福告诉别人哦。

　　上野公园是一个非常适合休闲的公园，因为我们常常可以看到上了年纪的叔叔阿姨们在板凳上静静地睡着了。

　　在上野公园里还有一座古老的东京国立博物馆，创建于公元1872年，里面的展品主要是古代艺术品，而现代艺术品不多，这些展品都是轮流展出。但是不知为何，我们更喜欢在上野公园里看那些街头画家作画。

soft cream

ueno park

浅草的绿茶包

　　促使我每天都想去浅草寺的原因就是这里有"绿茶馅儿油炸包"。

　　油炸包的表皮脆脆的，大小正好一口一个，还有五种馅儿供大家选择：红豆、芝麻、绿茶、南瓜和甘薯。油炸包在炉子里被炸得热乎乎的，在出锅之前先用漏勺把油过滤了，然后装进纸袋里，让纸袋把多余的油再吸收一下，还没入口就让人觉得非常好吃，吃到嘴里的第一想法就是明天一定还要来吃。油炸包外焦里嫩，馅儿的甜度刚刚好，热乎乎的馅儿藏在面皮下，一口咬下去感觉馅儿都在往外溢，让人只是想想就有马上回到浅草去的冲动。

　　来到浅草就一定要去拜访浅草寺，这里到处都是外国游客。尤其是泰国游客，如果一个人来旅游感到孤单的话就来这里吧，因为在去寺庙路边的纪念品商店里一定会碰见很多泰国游客。这条路上全是卖纪念品和糕点的店铺，氛围很是愉悦。

日本的寺庙通常放有一个大大的香炉，净手池就在旁边，就像是在告诉人们在参拜佛像之前应该清洁我们的身体。大大的香炉里点着高香，人们相信用手把香炉里的香灰涂到身上可以保佑身体健康。

万代玩具博物馆

从 Kushwin 寺庙走过来不远就是万代的办公楼，在来万代博物馆之前，就曾听说万代公司是制造并开发各种玩具和游戏的企业。万代公司拥有第一代玩具，以及还未面世的玩具，所以大家都期待万代公司未来的各种玩具和卡通形象。来这里就一定不能错过这里的任何事物，我们按照地图来到松田站，但是来到这里就失望了，因为这里的万代博物馆关闭了，但幸运的是松田站的站长给了我一份新的资料，资料显示万代博物馆已经搬迁到浅草附近了。

我们吃完油炸包之后就决定去和万代博物馆的工作人员打个招呼，然而在无数次走错路千辛万苦到达万代的时候，人家正在关门谢客。此时我就用非常渴望的眼神恳求守门大叔，他很友善地给了我十分钟的时间参观，但是不让拍照。这栋楼不算很大，有很多我们小时候看到过的玩具，它们被整齐地放在展览柜里；二楼的玩具是按照万代出品的年代分区域摆放的，以便大家更好地了解万代玩具的产业演化过程，就像在诉说万代公司的历史一样。

在万代博物馆的门口有巨人模型让大家合影留念。

东京中城

　　首先要感谢 Ryota（一个对泰国超有激情的日本作家，在泰国杂志和专栏上著有介绍东京中城的文章）。

　　在去日本旅游前一个月，我有幸见到了 Ryota，就在闲聊中告诉他我要去日本旅游的事情。Ryota 非常友好地向我介绍了日本的很多东西，还特意告诉我六本木将会开放一个新的现代博物馆，是东京中城的一个大型项目。我光是听说就几乎按捺不住内心的激动了。

　　来到日本之后，我就计划在行程中期一定要去逛逛东京中城，增加对日本的了解，相信这一定会为此次旅行增添更多的乐趣（这完全是个人想法）。来到六本木也非常的方便，乘坐轻轨在六本木站下车就可以了。有两条线路都会经过六本木，一条是 Hibiya(H04)，一条是 Oedo（E23）。

　　一出火车站就能见到东京中城的指路牌，绝对不会迷路（日本的公共设施做得真的是非常好，或许因为东京中城是个大项目，所以这里的交通很方便，刚到轻轨站就有很多旅游资料和详细的指路牌供游客参考）。

　　东京中城的建设理念就是在市中心感受到城市生活的方便、舒适、与时俱进和安全。在这里我们会看见宏伟的中城大厦（这座大厦是这里的地标性建筑，高度为 248 米）。

Tokyo Midtown 3.30

Roppongi Hills

　　人们为了一年四季都可以欣赏到鲜花盛开，特意在周围种满了四个季节的树木。这里虽然没有那种要几个人才能抱住的大树，但是有大片大片的草坪，让人不管站在哪里从哪个角度看都是一幅绿色的幕布，非常的赏心悦目。

　　这里还有一块不大的综合用地，用于居住、工作、游玩，（如果有足够的资金就可以来中城生活，因为这里的物价不便宜）配套有写字楼、五星级酒店，如东京丽思卡尔顿酒店，就设在中城大厦的最上面9层（据说在顶层可以欣赏到富士山的景色）。

　　拥有4层购物空间的拱廊街购物广场到处都是吸引人眼球的商店，包括一些首次在日本推出的店铺。底楼设有各种各样的美食店、诊所和公园。这里还是艺术中心。像从别处搬来的三得利美术馆，从刚开始构建的时候，就成为了万众期待的美术馆之一。这次构建请来了21_21Design Sight美术馆的建筑师安腾忠雄（日本世界级建筑大师，为世界留下了许多令人印象深刻的作品，比如2005年设计的表参道广场），以及日本著名服装设计师三宅一生来设计每个店铺的细节（在这里当然少不了三宅一生的店，店铺设计得十分特别，可以从各个方向进入到店铺内）。

日本的设计作品都非常地具有创意，由此带来的效益也是非常可观，真的是让人非常羡慕。

　　当您来到六本木的时候，您更是觉得不虚此行。从这里您可以很舒服地步行去东京国立新美术馆、森艺术中心和六本木之丘，也可以把六本木之行的这一天称作是寻找灵感的一天。

Tokyo Midtown

INSPIRATION

21_21 Design Sight 的 Pleats Please 系列香水设计展

　　这是第一家全对外开放的彪马旗舰店，所有系列的限量版，这里都有销售。如果你是彪马的粉丝，不妨过来淘淘看。

　　这是 21_21 Design Sight 里面卖纪念品、小吃和饮料的车。

TOKYO
MIDTOWN

TOKYO FM
Midtown Studio

TOKYO FM

TOKYO FM Midtown Studio

我很喜欢 21_21 Disign Sight 走廊墙壁上的壁纸。整个墙面以大型的树木图案力背景，抬头向上望去，有温暖的阳光透进来。整个走廊很大，环境阴凉舒适，周围还整齐排列着蓝色的木棒，看上去就像是树木的枝干。

日本人的绝招

绝招之第一招　×手势

这个招式对日本人来说很常见，不论性别和年龄。当出现误会又不好用语言表达时，这种双手交叉的十字手势，就成了最佳的表达形式。就像那次我本来想去本书中介绍的万代玩具博物馆，到了目的地之后却怎么也找不到入口。好在有景区管理者能够让我寻求帮助。一番交流之后，好心的景区管理者一直在胸前比画×手势，我这才知道景区已经关门了。

绝招之第二招　屈膝礼

在日本，每位服务工作者，都有一个标准的姿势——低头屈膝。这是每个服务员必须具备的标准礼仪，而且你会发现，他们做这个动作时都是发自内心的，因为看不出有一丝的不情愿或者强迫。

我们在 Kyodo 的摩斯汉堡店（Mos Burger）里看到一位大叔，每天早餐时间，他就站在柜台后面拿着计数器接受客人的订单。有时候我们的点餐不能马上做好，他会在做好后亲自端到我们的座位上，并同时向我们行礼。经过观察，我发现他对每个客人都这么做。他躬身向我们走过来，放下东西，行礼之后马上又去做其他事情，是个很可爱的大叔。日本的每个服务员都像这位大叔一样温柔和谦逊，不会让顾客受到任何的情绪影响。

绝招之第三招　女士优先

　　曾经听很多人说过，日本女生很欣赏泰国男人的讨巧性格和绅士风度。在日本，女性的地位似乎并不高。

　　你会发现，大街上都是一些女生骑着自行车搭载男人。火车上的一对情侣，男生坐着，女生却站在旁边，可能手里还提着一大包东西。很多时候都是女生在照顾男生。所以看到火车上男女情侣分开坐的新闻，你也不必太吃惊。

绝招之第四招　跑 跑 跑

　　在每天早上和下午的上下班高峰期，总是能看到这样的场景。所有的白领阶层，不论男女，都像参加接力赛一样拼命奔跑。就算是那些穿着高跟鞋的女生，跑步的气势也不输给男生。如果你知道自己走得慢，就一定要走在道路的右边，不然肯定会被撞（在东京，如果想慢慢走就走右边，如果想跑得快些就走左边，不管在哪里，都要记住这一点）。

绝招之第五招　统治世界的拇指

　　日本人用拇指进行工作。这是真的，尤其是在火车上。在公众场合，他们不会大声喧哗，而是把手机调到静音，也不接打电话，只会静静地坐在那里。无聊时就拿出手机玩玩游戏，听听歌，上上网。有新闻说，有的日本人每月在手机流量上花费的钱可以上万。"拇指"文化真的可怕！

第二部分
可爱的店铺

shibuya

harajuku

ginza

dikanyama

shinjuku

MUJI
無印良品
有楽町

〒100-0005 東京都千代田区
PHONE:03(5208)8241(代) FAX:03
営業時間　10:00～21:00
「有楽町」だけの限定商品
無印

HERE
WE
GO!!

Junie Moon

Holiday A·PÁRT·MENT

holiday-apm.com

Select Shop

Stationery

gift shop   DIY

shopping

上班时间　像鱼罐
头一样塞满人的车

精选店

你是否有这样的经历，去大型商场买东西，看到各种各样眼花缭乱的商品，竟无从下手了？这样的结果就是，最终买到的东西并不是自己最满意的。因为你已经视觉疲劳，不知道选择哪种好。而很多时候我们都要赶时间，比如急着给朋友买生日礼物，很可能最后选的东西并不如意，因为实在不晓得选哪个好。

Select Shop（精选店）就成为大家完美购物的最佳帮手。因为这些店里有来自各地的商品，有各种可供选择的品牌。在日本，有各种各样的精选店，让大家可以非常满意地选到理想商品。精选店专注于销售日常用品。它的服装和装饰品店，根据不同性别和年龄段都开设有不同的分店，或者根据商品的性质把从各地收集来的东西进行分类。精选店的特点在于，每家店店面不大，你却总能找到自己中意的商品。特别适合那些闲暇时间不多或者不愿意花时间逛街的人。日本的精选店，尤其是自主设计店，更是更新思想观念的好地方。

And A 店

　　我非常喜欢这家店，逛起来特别有趣。这是一家有各种品牌的服装、装饰品、包包和鞋子的精选店，有街头风格的特色。店家还挑选了书籍和 CD 放在店里，使整个店充满了现代感和创意感。如果需要购买国外的杂志，可以去专门的艺术书籍精选店，And A Aoyama 就很不错，有很大的书架专门放置这些令人眼花缭乱的艺术类书籍，这里也有很多国外的相关书籍。

　　如果你只是想购买一些有创意的小玩意儿，来 And A 也是最合适的。我推荐你去 And Accessoire。第一层是小吃休憩区，顾客可以在这一层休息，坐着喝喝下午茶。这里的店面都不大，卖的东西也不多。有音乐角可以放 CD 听。店子里有服装区、女士饰品区。如果你喜欢奇特的东西，可以去往 Parco Part 3 商场里面的 And Accessoire Shibuya 专柜。这里的东西比其他地方都齐备。而男士朋友们也别担心，这里有专门给你们提供服务的店，And A Homme 最懂男人心，在涩谷有分店。

And Accessoire

music books design art fashion

1

And Accessoire

music books design art fashion

2

IN FLAGRANTI
WRONGER
THAN
ANYONE
ELSE

3

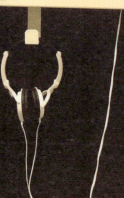

　　是谁说在精选店买东西很快很方便的？而实际情况还是挑到眼花也挑不到最合适的，最后不得不让售货员帮忙做选择。这样做的结果就是你会提着大包小包的各种东西走出店门。买的时候，售货员一个劲地夸奖，让你觉得每样产品都那么好，而且不好意思拒绝他们的热情。日本人真的很可爱，尽管知道我们听不懂他们说的话，但还是热情努力地沟通，面带真诚的笑容。看到我们笑，还以为我们听懂了。后来我们说英语，他们也说日式英语，虽然还是没弄明白彼此的意思，却给人留下了深刻的印象。

文具用品

　　看看你手中的文具用品，是不是也有"日本制造"呢？

　　文具用品店是来日本旅行中不容错过的一个地方。我对它从喜欢到了沉迷。像是有一种吸引人的魔咒一般，这些文具店让人忍不住地一再拜访。来和各种文具来个亲密接触吧。

　　东京有非常多值得一逛的文具店。泰国人比较熟知的应该是Loft 商店，它有很多家分店。Loft 的主题概念是打造纯粹的生活方式。各家分店通过商品的展示向大众表达这一主题。这里的各家店都比泰国的大很多，比如在涩谷的那家店就有七层。每层楼的商品类别都不同。有皮肤护理、厨房用具、家庭用品、家装用具。而其余的楼层，就全是各种文具用品。一进去就能看到各种类别的手账，有的简约朴素，也有很多非主流和甜美风格的本子。只在这一个商店逛一圈，都不知道要花多少时间呢。

　　如果你想单纯地逛文具店，可以去银座的ITO-YA。这家文具店生意非常好，顾客每天都络绎不绝，有时候到关门了都还有顾客上门。

ITO-YA 共有 9 层。在一楼去往负一楼的转角区域，有一个 Casual Corner(休闲角)。在这里，有很多有趣的小玩意儿，比如贴纸、名片夹、小盒子和其他各种你需要的小东西。这简直是女生的最爱。

ITO-YA 的每一层楼都有不一样的风景和不同的购物者。在办公用品楼层，能看到许多办公室职员前来购物。在这里还有专门卖信纸的区域。在这一层里，你会看到很多知名的文具用品品牌，比如 Kate Spade, Vera Wang, Marimeko 等。其中有一层是卖各种装饰品的，这里有各种用途各种颜色的绘画纸。各色的日式书法笔也是我必须推荐的佳品，用这种笔画画比普通的画笔效果好很多，画出来更有线条感，很适合喜欢绘画的朋友。

而在商场的最高层，是各种咖啡店，给各位顾客提供休憩和放松的空间，一起购物的好友可以愉快地喝喝咖啡品品茶，还可以欣赏画廊里展出的艺术品。

LEUCHTTURM1917

JAMES BOND

ZENITH
591

LEUCHTTURM1917

PEN LOOP

ITOYA

位于涩谷的 picnic on picnic 商店，就在 Tokyu Hands 的左手边，虽然这只是一家并不大的文具店，却有很多可爱的东西。在这家日本的文具店里你能感到很浓的韩国风情，因为有很多从韩国进口的文具用品。一走进店子，你就会发现整个店以色彩搭配为主题，店主把同一种颜色的相同商品放在一起，看起来非常显眼，也方便顾

客挑选，但唯一的麻烦就是有选择困难症的人会纠结于到底选哪种颜色好，因为实在是太多了。

日本传统的文具店和泰国的很像，都是成排的商铺（和学校附近的文具店差不多）。很多文具店开在社区，卖一些常用的文具用品，也有很多具有日本特色的用品供游客挑选。

我去专门出售笔记本的文具店时，发现有很多人都在买一种笔记本。它看起来很平常，只是封面上写着 Campus。这种笔记本一共有五种颜色，多个系列，各个开本大小。问了当地的朋友才知道，这种笔记本是由日本的国誉（Kokuyo）公司生产的，它是日本最大的文具用品生产公司。可能正是因为它一直沿用传统的制作工艺，所以至今都备受欢迎。

Kawaii!

礼品店

　　说起礼品店，让我想到了中学时期学校附近各式各样的精品店，尤其在女子学校旁边，总是卖有很多相似的小东西。如果需要买大件的礼物，就需要去暹罗广场了，而且一定要去最繁华的闹市区。你还可以找到很多从国外进口的东西，比如日本的和服和许多有趣的小东西。后来，各个大型商场的迅速发展，对这些小的精品店构成了威胁，尤其是商场成立了进口商品专区并设立了各个分店之后，以前的那种小精品店就渐渐消失了。

　　然而来到日本之后，看到这里遍布大街小巷的小精品店，学生时代的那份感觉又回来咯！

Kiddy Land

把这些商店称为礼品店有点太普通了，应该叫做小零碎商品王国。每次到这里来，都像是又回到了孩提时代。在这里，当你看到每一样有趣的东西时，都激动得想要飞起来。

这栋楼一共六层，里面卖的都是些特别精致可爱的东西。每层楼卖的类别不同，有玩具、和服和电子游戏。还有一层是专门卖软绵绵的玩偶的，富有想象力的日本人把不同的人物或者动物都做成了形态各异的玩偶，让它们变得鲜活又可爱，让前来购买的人们觉得每一件玩偶都有生命一般。

比如普通的长白萝卜，被加上了微笑的、伤心的表情等等，造型各异，还有很多其他的可爱的蔬菜玩偶。这些如有生命一般的蔬菜宝宝，能让小孩子对各种蔬菜产生兴趣。

在这里，我还看到人们把各种嘴巴、鼻子、眼睛等贴纸贴到各种没有生命的小物品上，让它们变得如有生命一般。（卖装饰和创意品的小店都有售，有兴趣可以去感受一番哟，卖的贴纸种类很多。）

Kiddy Land 总是很多人。可能是因为它就在原宿的市中心，很方便，你会看到很多人前来购物，付钱的时候排起长龙，连脚都站软了。所以你最好在里面到处逛一圈，在上面的楼层结账，人要相对少一些。除此之外，来这里一定要玩一下老虎机。这里有很多不同的老虎机游戏，每个游戏都有诱人的礼物，喜欢哪个都可以投币去玩。

你也可以去上野（Ueno）站前面的 Yamashiroya，这也是日本一家很出名的玩具店，里面有很多吸引人眼球的玩具。这家店的风格和 Kiddy Land 很像，但它主要是卖各种玩具，总是有各式各样最新的玩具上架。如果说 Kiddy Land 是女孩子们的天堂的话，那么 Yamashiroya 就是男孩子们的乐园。

Cou Cou

  总是经常听到关于 100 日元商店的故事。听说这里的商品特别便宜，因为店里所有的商品都是相同的价格。如果在泰国的暹罗广场开一家分店的话，不知道会不会被挤爆啊！前来这家百元店购物的人总是络绎不绝，因为真的很实惠。我在这里看到一款化妆品，在别的地方至少要贵上几十元。

  这让我想到了家乡的展销店，出售小物件、干货、面包等等，任何你想要的日常用品都能找到，很有诱惑力。这种百元店有大有小，一般都开在社区旁边，方便附近居民。在这里挑选东西是很考眼力的，如果你眼神好的话，就能在琳琅满目的商品中选到既便宜又实用的好东西。但如果你想去更时尚潮流的百元店，就要去原宿了。

  我还要特别推荐一个地方，名字叫做 Cou Cou，我们给它取了一个别名叫做 315 元店（实际上，里面所有的东西都标价 300 日元，但要加收 5% 的税，所以就是 315 日元了）。这里所有的分区都让人感到特别舒服，店里卖各种礼品和纪念品，来这里逛的人群也和百元店不同。商品种类齐全，从生活必需品到各种装饰物件，应有尽

有，受到了不同年龄层，尤其是女性朋友的青睐。店面颜色很鲜艳，店主以不同色彩把各种物品进行分类。我发现，这种以商品的颜色进行分类的方法，大大提升了商品的吸引力，让它们看起来比零散摆放起来的时候可爱多了。

在这个店里，我最喜欢的是美容区，这里有很多可以亲自体验的商品。比如可以用来修眉的很小很细的剪刀，还有水果味的消除粉刺的面膜、护手霜等等，令人眼花缭乱。

这家店很热门，是受欢迎度最高的店铺之一，同时被多家网站推荐，被誉为来到原宿一定不能错过的地方。

我经常会因为各种促销和广告，去看那些被推荐的好东西，单是东逛西逛，就是一种享受。但是有时候禁不住诱惑想买一些看似实用的东西，却不得不思考买回去有什么用。

这些广告牌对商品销售有很多帮助，日本的商店里会展示顾客使用其产品之后的效果图，让人们对产品有更直观的了解。这些图片无不在向你打招呼："快来把我带回家吧！""快把我放进 CD 机吧！""把我放在书架上，找起来多方便。"还有一些图片放在化妆品旁边，用来证实它的使用效果。进入店里，即使不买东西，只看看这些图片，也是件非常有趣的事情，你会觉得它们似乎在向人们诉说着什么。

It's Demo

在火车站附近，尤其是大型车站旁边，会有很多整齐排列的商铺，在这里，你可以买到所有你需要的东西，包括报纸、杂志、一日三餐、糕点、饮料、袜子、衣服等等。完全可以应急，而不用跑到专卖店。这附近还有常见的礼品店，非常方便。

比如 It's Demo 这家店，就专门选择性地售卖女孩子日常会用到的一些可爱的东西。就算有些东西不实用，但你一看见就会产生想买的冲动。店里分为多个区域，比如化妆品区、零食区，包括饮料、果汁、牛奶、小袋零食。还出售饰品、包包、伞、文具和 CD 等。如果来车站接人，需要长时间等待，这种可爱的礼品店就成了你最好的消磨时间的场所。

D.I.Y. 属于日本人的发明

　　日本有很多著名的技艺精湛的手工艺人，从书店里摆放的手工艺书籍就可以看出来。你会发现很多东西都可以自己在家轻松做出来。看了那些书之后，你的内心会充满力量，会希望试着做很多东西，哪怕自己并非职业的手工艺人。你会手痒地买些布和扣子回来做一个用来放项链的包包。日本人很喜欢自己动手做一些小东西，这样可以保证自己的东西绝不会与别人同款。每当自己完成一件作品时，那种心满意足的心情，会让人觉得一切都是值得的。

　　正因为这种自己动手制作的风气盛行，日本国内有很多专门售卖各种手工制作所需要材料的小店，比如扣子、布料、各种彩色线团、珠子之类的小东西，还有胸针、铆钉之类的配饰。当然也有真正的大型制造所需要的东西，比如木工工具、铁器，还有自己建造房屋所需要的材料。

　　虽然各种材料都可以轻松买到，但真正要自己动手并非易事，不知道您有没有来亲自尝试一番的想法呢。

东急手创（Tokyu Hands）

　　以前看书的时候，经常读到关于东急手创的介绍。这里售卖的所有商品，都是纯手工制作，都有着自己最独特的风格。只在书上看到这些，喜欢手工作品的女孩子们就忍不住了，恨不得马上就去这个可爱又有创意的地方逛一圈，满脑子都是自己希望得到的可爱的小东西。这里有很多在其他地方绝对买不到的工艺品。

　　1976 年，东急手创在涩谷建成了第一家商场，一共有六层，第一层有家装区、文具区、玩具区、电器区、厨具区等等，每个类型的产品都分为各种不同的材质。假如你希望在家里做一个简易的书架，这里有纯木的、钢材的，任君挑选。当然这里也卖成品，（现在还觉得这里和别的商场一样吗？事实上，这里只卖制作各种物件所需的材料，顾客拿回家自己完成制作）如果你不想自己动手，但是有自己的想法，可以去专门的制作部。这里还卖很多奇怪的东西，你能找到很多奇装异服。没事的时候去逛逛，真的是件很有趣的事情。

　　东急手创的商标是绿色的，左右两边有类似小鸟翅膀的图案。它的寓意是让更多的人建立手工制作的梦想和信心，只要你有双手，一切就变得简单。

东急手创银座店（Tokyu Hands Ginza）

　　这是东急手创的一家分店，在银座的中心位置。这家店在产品设计与概念上做了改良，使其更适合当地的年轻男女和大叔大婶，更受大众欢迎。店面设计很符合当地人的风格，位置很好找，逛起来也很舒服，虽然卖的东西没有其他分店多，但整整六层，也算得上应有尽有了。这家店的特色是办公用品、女孩子们喜欢的手工订制品和各种厨房装饰品。这里还有专门卖书的地方，只卖精品，关

于 D.I.Y. 制作的书和儿童读物最多。整个书店很紧凑，一进入就带给人们阅读的欲望。

东急手创还开设有一家为了迎合新生代品味的分店，那就是 Hands Be。这家店只卖一些年轻女孩子感兴趣的零碎小东西。店里有各种可以闲逛的小角落，最符合现代女孩的风格，买卖方便。在表参道大街的东急购物中心（Tokyu Plaza）第五层就有一家。

curly
collection

Curly Collection

在这家店里，你会经常看到跑跳玩耍的孩子们，不要觉得吃惊，因为这本来就是一家卖童装和年轻妈妈服装的店。所有商品都是纯手工制作，也包括一些 D.I.Y. 制作所需的原材料，比如布料、扣子、绣花针等。店里的东西让人似乎回到了孩提时期，混合着大片的花田、绚丽的彩虹和甜蜜的糖果的味道，还有那些在童话故事中才会出现的可爱小动物，兔子、可爱的猫、温柔的熊，都是曾经最经典的角色。最有趣的是店里的各种塑料纽扣，以各种水果为造型，有苹果、橙子、菠萝等等，买一盒回家把旧衣服上的纽扣换下来，也是一种时尚。

这家店里还有教你使用店里的材料制作简单手工艺品的书，很精致也很可爱，非常实用。

你还可以登录他们家的网站（http://curlycollection.jp）。上面有写给来店里玩耍的小朋友的日记，非常可爱。很多人在这里买了衣服都是直接穿着回去，我曾看到两个女孩拉着妈妈一块儿来逛，亲密得像朋友一样。她们坐在收银台旁边休息，分配刚才选购的东西，其中一个女孩子紧紧抱着购物的篮子，表情好像在告诉人们："这个篮子里的东西都是我的，谁也不准和我抢。"

La Droguerie

这是另外一家销售手工艺材料的商店，里面的东西种类齐全，品种丰富。其实这是一家从德国投资引进的外资公司，在东京的涩谷成立了一家分店。店面很大，从纱线、按钮、纽扣到布料，应有尽有。而且每一个品种都有上百样样品供选择，令人眼花缭乱。但这里的东西并不算精致，质量最好的就是各种小东西的零配件。所有的零件被排列摆放在长桌上，方便顾客挑选。

Une Nana Cool

如果你进入了 Une Nana Cool 这家店，小心会身无分文地出来。我很偶然地发现了这家店，因为当时在涩谷的一条被叫做 Hand Street 的小巷里迷路了。这条路基本上被卖丝袜、时尚衬衫等的商贩们占据了。走进去之后，你还会发现有 Parco 商场，里面有很多卖精致商品的小店。很可惜，当时我去的时候，这家商场已经没有营业了，但现在又在东京开了第八家分店。

　　Une Nana Cool主要以卖女士内衣为主，也包括睡衣和家居服，还有一些女士常用的小东西，比如包包和手帕。每件商品都特别精致，而且适合不同风格的女士，不管是甜美型还是狂野型，都能找到适合的商品。这家店最独特最可爱的地方在于，店家在同样的内衣上面印制了各种野兽造型，让每一件内衣都变得与众不同。他们会提供很多印制图案，你可以选择印在衣服的任何一个地方。哪怕一个小小的普通钱包，印上一个他们特有的青蛙图案，也瞬间变成了独一无二的精品。当你选好想要的商品和印制图案后，店员就会帮你做好，他们有专业的印制机器，印的图案绝对比你自己在家里做的更耐用。如果你当时不想印制图案，店员还会教你印制方法，你可以以后在家里自己做。反正来到这家店，没有一个小时你是出不去的！

　　这家店有很多分店，很多大型商场里面也有，店面有大有小，都很好找。

在银座的富士康大商场里，有一个地方，手工制造者们可以按每个顾客的想法做出包包。这家店有两种不同的布肩包供选择，你可以在上面印上英文字母或者数字，也可以印一些简单的图案，比如弓箭、礼品盒、心形图案等等。你还可以要求染色。这种包包非常适合作为礼物送人，在印制图案四周的空白处，可以写上接受礼物的人的姓名，送出去既实用又有诚意。付款的时候告诉收银员这是拿来送礼的，他会帮你把包包用漂亮的蓝色包装袋包起来，并贴上特别的小贴纸。

MUJI

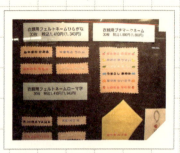

*

happy
birthday

你有没有遇到过这种情况，想给朋友送上一张祝福的贺卡，却怎么也找不到满意的？有时候想要自己动手做，却不会画画，不相信自己的手艺，害怕做出来之后不好看，朋友会不高兴。日本有很多贴纸，人们可以带回家在自己做贺卡的时候用，有普通的二维图案的，也有很可爱的三维贴纸，贴在贺卡上很有立体感，还有很多可选择的图案。如果是生日贺卡，就有漂亮的生日蛋糕三维贴纸、礼品盒贴纸、心形贴纸和气球贴纸等等。这些贴纸在一般的文具店都能够买到，而在银座的 ITO-YAD 商场，还有很多三维贴纸和贺卡售卖。

有一天去 Loft 玩，看见有人把一些奇奇怪怪的织物做成名字或者其他词语。做好以后被分为很多份，顾客可以把自己的那份拿去贴在任何想贴的东西上。把有自己名字的那张钉在衣服上，你会觉得这件衣服就像是为自己定做的一样。

这种织物也能做成钥匙扣。如果想把它贴在塑料或者经常沾水的物品上，店家会在上面粘上防水胶布。

SHOPPING

　　在准备来日本旅游之前，我就问过许多人，做好攻略。大家给我的一致意见就是，一定要带够购物的现金。因为就算你不想购物的决心非常坚定，都阻止不了购物的欲望。就算不想浪费钱，看着日本杂志上那些眼花缭乱的东西都已经抵挡不住诱惑了，更不用说当你真正到了日本，亲眼看到那些东西时，会激动成什么样子。

迷失新宿

　　我们到达日本的第一天就去了这里，因为原计划的第一站就是这里，新宿！来之前还想，这里到处都是大车站和商品齐全的大型商场，但也不至于多得数不过来。第一天到这里，本来就没多少力气，我们打算就在商场里逛逛。可是，天啦，谁想到新宿的车站实在太大，每个方向都有出口，每个出口一出来就能看见大型商场。我们来这里坐了几次火车，依旧会迷路。不过，迷路也是有好处的，我们总是会碰到某些不期而遇的小商店。

Comme Ça

　　这是日本本土很有名的名牌店，有丰富的商品供客户挑选。我每次经过门口，看到门口橱窗里的模特，都觉得它们有种让人走不动路的魔力，给人们一种必须要进去逛一圈的信号。一进去，就感觉这家店的风格和 Zara 很像，卖的服装也很相似。

　　新宿的 Comme ça 店很有趣，在商场的六楼，有非常多值得挑选的商品，相信在这一家店你就能买到所有需要的东西，有女装、男装、童装（从婴幼儿到大龄儿童都有），此外还有家庭日用品、家装饰品、文具和厨具等等。最开始进去的时候，看到有很多孩子在里面到处跑，我还以为这是一家适合年轻女孩子的服装店。进去之后才发现，这里还出售每个家庭成员的衣服。如果在店子里逛累了，你还可以去不远处的别致咖啡馆休息一会儿。这个商场有自动扶梯，但是宽度仅限一个人。大家也可以选择乘电梯或者走楼梯。

伊势丹（Isetan）

外出旅行，到达一座城市，我都不知道逛过多少次当地的大型商场，然而很多商场，和曼谷的并没有太大区别，所以我反而更喜欢逛那些商场以外的小店。但在日本，每家商场都有它隐藏的不同之处，每家商场的概念也不一样。逛这些商场，就像在学习日本人的生活方式与文化传统。而在新宿，伊势丹商场就可以称得上是当地的标志性商场了。

新宿的伊势丹建成于 1933 年，还设立了一个专门的男性商品分区。商场里各种商品齐全，是你一站式购物的好地方。很多品牌都进驻了该商场，成立了分店。2013 年，该商场进行了一次大的改造和扩建，让整个商场显得更加现代时尚了。

虽然伊势丹只是一个购物场所，但其装修风格和布局却给人以愉悦的享受。这里还有玫瑰面包店，虽然只是一家很小的咖啡馆，却有许多人冲着法国著名咖啡慕名而来。

在第一天迷路之后，我又挑了个日子准备再去逛逛，刚好那天是星期天，在路上走的时候（事实上，我又迷路了），发现新宿街边的某些商店关了门。看见一个男孩子，心情很不错地在大街上表演，并放起了歌，跟着唱了起来。我站在旁边很享受地看了一阵，和他一起兴奋了起来，四周响起女孩子们的笑声和尖叫声。这个男孩子像是故意装作失误，无精打采地抱怨着，向四周的女孩子们讨要了更多的掌声。

这里的建筑物，有许多值得你关注的小细节。人们不会因为建筑物的修建，而故意遮挡损坏原来的风景。人们还给正在修建的建筑物设置了专门的粉尘烟雾防御系统，不让其扰乱行人。有时候，为了让整体设计风格和大的建筑风格相适应，不得不拆除某些看起来不协调的建筑也是有的。

下面这张图片是在新宿车站的门口拍到的，是一群很时尚的女性排在一起的大型海报，正好适合做这里来来往往许多行人的背景墙。我越看越觉得新宿是一个人口密集的时尚大都市。

原宿

　　他们说，要去原宿或者新宿的话，建议星期天的时候去，因为会有很多做 cosplay 的年轻人。看 cosplay 表演，是一件很享受的事情，我每次都想要过去瞧瞧热闹。有时候去晚了，就不一定能看到表演，只能看到已经换回了平常服装却依然情绪激动的 cosplay 表演者。我很喜欢原宿，在这里觉得很快乐。这里有很多商品风格，也有很多泰国没有的品牌，街道的两边全是出售各种好东西的店铺，你还可以通过下载软件，更方便快捷地在这里逛上一圈。

　　这里是一个时尚集聚的地方，可以看到到处都有不同风格不同类型的年轻人，他们是真正的东京年轻人，有着最时尚前卫的穿衣风格，到处可见并不相称的混搭风。你还会发现，这里有很多二手服装店，而且越是在某些偏僻的小巷子，你越能寻到某些合心意的东西。如果你想把原宿玩个遍，一天是绝对不够用的。

Hanjiro

　　日本也有"乍都乍"（是位于泰国曼谷市区的周末市场），这里每个店都装有漂亮的空调，装有很好看的吊灯。所有的店子都以 Disco Shopping 风格为主，让所有的衣服都显得更漂亮。这里的衣服分为很多区，方便大家逛和寻找。但是当我看到衣服的价格之后就没敢买了，因为实在太贵啦！如果和泰国乍都乍相比，二者简直不是一个档次的，只能过过眼瘾。

　　这是一家适合年轻人的二手服装店，店子里的衣服在出售之前已经清洗过了，和新的差不多，完全没有异味，布料并不潮湿，鞋子也都擦洗干净了。可能就是这样人性化的服务，让这里的二手服装比泰国贵了不止 5 到 10 倍。

　　这家店在 YM Square 大楼的三、四层。这座楼的地下室也有一家二手服装店，店面面积都差不多。二楼还有阿迪达斯的专卖店。整个楼层有很多相似的店，如果要试穿，店里的营业员立马就会过来为你服务，店员的职业素质都很高。

　　行走在原宿街上，四周的小巷子里都是小型咖啡馆、品牌店和普通的非品牌小店，排满了整条街，让人逛都逛不过来。

花儿（Flower）

这家店适合女性朋友，店子的风格很复古，以木式装修为主。到处都是各种全手工制作的木架子和椅子。里边的东西甜美可爱，深受女孩们的喜爱。有花边的棉布衣服，白色或粉红色的小鼓，都显示出一股甜美诱人的气息。最棒的是有花朵图案的印花布，用小朵花纹的布做成衣服或裙子，非常可爱。这家店就在原宿车站附近。

N 11

如果你眼神不够好，可能就找不到这家店咯！店招牌很小，有时候就放在店门口的角落里，从它旁边经过的时候很难引起人们注意。我有个朋友对这家店的衣服非常着迷，她根据杂志上的介绍去寻找这家店，尽管查好了地图，却还是在附近转了好多圈，才最终找到这家店。好在这家店并没有辜负她的努力，因为他家的衣服和样式真的很可爱。所有的衣服虽然看着很平常，却都很有设计感。这倒和整个店面的复古装修风格和整体颜色搭配很相称。在这里，你一定不能错过的就是他们家的围巾和纱巾，非常有自己的特色。

明治大道（Meiji–Dori）

来到原宿，一定不能放过这条街，因为在街的两边都是各种各样的品牌店，有全球知名品牌的分店，也有日本本土品牌。你一定会在这里逛得不亦乐乎。

LAFORET

如果看到 LAFORET 商场，你就知道到达原宿了。商场在一个十字路口，商场前面有很显著的花朵图案的海报牌，用来发布商场广告。整个商场都是各种服装店，而且经常换品牌。Topshop/Topman 只在这里才有。

Topshop/Topman 位于商场的第二层，店面不大不小，直接从商场的正大门进入，你就能找到它了。店里分为男装和女装两个区域，所有的服装都是由总部统一供货。女装区里面有很时髦的店员，当然男装区的店员们也一定都不逊色。（哎哟，到底是来买衣服，还是来偷偷观察店员啊？）

猫巷（Cat Street）

逛够了大街道，不如去小巷子里遛遛。猫巷就是很不错的一条小巷，里面全是很时尚的服装店。但其实，大部分的服装店都很简单，有着各自的服装风格。

在这条街上，你可以看到很多年轻人成群结伴地，穿着时髦地过来逛街。而且你会看到很多人牵着好动的狗狗一起来逛街（并没有像这条街的名字一样，看到有遛猫的人呢），这更加增添了这条小街道的趣味。光是来这里看来来往往的行人与宠物的互动，就是一件愉快的事情呢。

在街道的中间，还有一个小型的儿童游乐园。你会看到很多年轻夫妇在逛街逛累了之后，带着孩子来这里玩耍，荡秋千，滑滑梯。

Bulle de Savon

这家店的装饰风格温馨且充满居家感，地板和大门都是木制的。衣服设计不会过于花哨，料子多是棉麻材质，比较适合不太喜欢打扮的女生。但是也有少数设计新颖的上衣和裙子等。既然已经到了这里，不妨顺道上二楼看看，这里有一家主打有机食品的 Annon Cook 咖啡餐厅。

涩谷的五通道路口

　　如果你想检验一下自己是否依然年轻，那么我推荐你来涩谷。来这里的全是年轻人，如果你觉得原宿已经是年轻人的天下，那我可以告诉你，这里的年轻人更年轻，更多彩，而且时尚女性更多，和原宿相比很不一样。这里的人打扮得十分非主流。涩谷的女孩子很有代表性，涂着白色的眼影，头发被染成金色，短短的，乱蓬蓬的，穿着高跟鞋，有些特立独行又不失甜美。

　　涩谷还有一个值得被记住的地方，就是它的五个通道的路口，它就像被红绿灯下了咒语一般，当绿灯亮起时，整个街道安静下来，只剩下行人通过的声音。一旦信号灯变成红色，行人会马上聚集在一起。如果你心不在焉，就一定会像我一样被人流分离。

109 百货（Shibuya 109）

　　如果你想体验一回涩谷女孩的生活，就来这座商城购物吧。这里算得上是涩谷的标志性建筑，汇聚了涩谷女孩子所需要的衣服、包包、装饰品等。当然也包括内衣物，都是涩谷女孩喜爱的样式。整座楼有 8 层，每层都有很多小店，人们有条不紊地挑选着自己喜爱的物品。如果你有足够的抵挡诱惑的能力，或者你是超级购物逛，不妨把每层楼都逛一遍，比较一下价格再购买，因为很多店子里的东西很相似，价钱却不同，可以再为钱包节约一点点也是好的嘛。

> 我很喜欢日本的原因之一是，购物的时候有一个价格标准。不管你在哪个区域，在高收入地区或者是药店，买同样的东西价钱都一样。让大家不至于因为比较价格而浪费时间，或者看到自己买的东西在其他地方卖得更便宜而耿耿于怀。

Parco Part3

在涩谷，有好几个 Parco 商场。有 Parco Part1，Parco Part2，Parco Part3。每个商场入驻的品牌都不同。在第一分店里面全部都是名牌服装精品店，还有很多可供选择的书籍和杂志。第二分店主要卖家具和各种装饰品，还有一些家庭日用品。第三分店是最受欢迎的，全是服装和一些可爱的小玩意儿。里面都是些小店，很潮流和年轻化。这三个分店是相互连通的。

忠犬八公铜像（Hachiko）

　　这是个充满等待的地方，总是排满了等候的人群。每个人就只做这一件事，等待，等待，再等待。这里似乎就是一个一直在排队等候的地方，这种场面是在别的地方绝对看不到的。

　　来这里购物，一定不要错过大众面包车上面卖的水果薄饼。有些时候车前会排起长龙，但当你吃到美味的食物之后，就会发现排再久的队也是值得的。这种面包车很多地方都有，我还猜想，这些车的老板是不是同一个人。水果薄饼拥有特别的香味与好吃的口感，秘诀就在于使用了香甜新鲜的奶油，再加上水果特有的果酸调味，哎呀，口水都流下来了！

女孩子们来日本购物，总是对所有好看的衣服毫无抵抗力。买之前别忘了先试穿哦。在试穿之前，有一个小小的却很重要的事情，先找到一个放头纱的地方。头纱是白色的薄布料制作的，戴上之后能遮住脸。在进入试衣间之前，需要先戴上这种头纱，以保证在穿脱衣服时，漂亮姑娘们脸上的化妆品不会被蹭到衣服上。而店家也会很开心，终于不用因为这种原因，经常向厂家退货了。

在东京，有一个地方十分常见，那就是游戏中心，一般都是一座几层高的大楼。每家游戏厅都有非常多的人。游戏中心里有多种游戏，比如 BOX 游戏、模型游戏等等，有单人游戏、双人游戏，或者多人共同完成的游戏。其中我最喜欢的是夹娃娃的游戏，和泰国的自动售卖机差不多，但日本的夹娃娃游戏并不只是夹娃娃，你还可能夹到 MP3、游戏机、卷发器等等。而且这里很人性化，旁边粘贴有准确夹住洋娃娃的教程图。虽然成功的概率很低很低，但是看到这么多可爱的东西在里面等着，谁又舍不得花上几元钱试试运气呢？

优美的建筑学

日本的每一个区域都有值得被人记住的标志性建筑。表参道就是日本著名的购物胜地之一，非常高档时尚。这一区域道路两旁非常漂亮，全是各种高档名牌店，各家店铺都有着自己独特的设计风格，向大众尽情地展示着自己的品牌，就连门口的店标和店里每一个放置柜，都彰显着它的品牌魅力，让人仿佛走在艺术画廊里一般。

普拉达——国际著名品牌。从店铺落地玻璃窗的装饰上就可以看出其大气的品牌特色。整个橱窗装饰得像蜂窝一般，不论从哪个

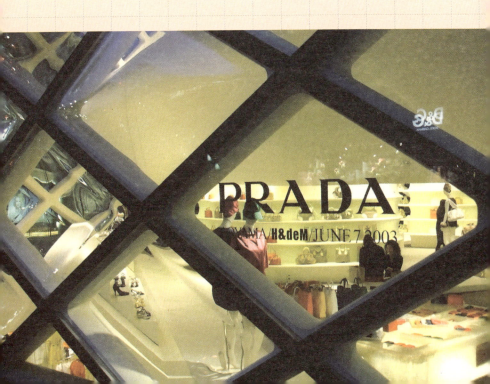

角度看都是漂亮的。这是瑞士著名的设计机构 Herzong & de Meuron 的设计成果。像蜂窝一样的玻璃窗一直延伸下去，就像一条长长的隧道。看到之后，你就有一种想要走进去一探究竟的冲动，结果后来才发现这是家普拉达的男装店。该店的设计者巧妙地挑起了大家的好奇心，让大家都想走进去看看到底里面是什么样。

　　Bathing APE——在二楼店门面前的大显示屏上整齐排列着很多漂亮的运动鞋，Bathing APE 在这里做着大幅的广告。精致的搭配和展示，吸引了大家的眼球，当然也同样吸引着大众的心和钱包。里面的鞋实在太多，每双都好看。你可以走楼梯上二楼，在慢慢走的时候，楼梯上的灯光还会有变化。

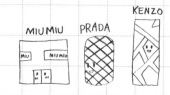

Tod's——这是一座 7 层的建筑，在一个被树木包围的地方。虽然这座建筑已经有十几年的历史（2004 年修建），之后也有很多现代化的建筑出现，但是依旧有很多慕名前来参观它的人。特别是在夜晚，你会发现灯光从窗子里射出来，让人感觉这里像是一座大型树木之家。

10 Corso Como Comme des Garçons Select Shop——这里有来自 Comme des Garçons 最精致的手工艺，并结合了 10 Corso Como 的意大利风格。这家店有两个门面，分为女装和男装，融合了巴黎世家、渡边淳弥和迪奥·桀傲以及设计师薇薇恩·韦斯特伍德的设计风格。

YOSHITOMO NARA !!!

A to Z Cafe

已经记不得是在哪里看到的关于 A to Z Cafe 的介绍了，但当时我立马去查了关于它的资料，并决定有机会一定要去店里品尝一下。这里的咖啡都来自奈良，是最正宗的口味。聪明的日本设计师给这家店设计了一个很符合店面风格的商标，是一个顽皮活泼的小女孩形象。随着这家店的声名远播，这个可爱的商标也从普通的二维图像，变成了人们日常生活中栩栩如生的孩子 Nara。

我是在一个星期天的中午来到这里的。这里一大早就人满为患，非常热闹。店里顽皮的小女孩造型海报和玩偶，吸引着大家的目光，让人忍不住想坐下来好好欣赏休息一番。在这里还有一个小画廊，里面全是 Nara 去往世界各地采风带回来的精美照片。

银座——不夜城

　　银座是日本另一个购物天堂，它的名气完全不输给其他任何一个地区。但和原宿、涩谷相比，它还有些稚嫩。人们都喜欢来这边的大型商场购物休闲。在这里，你能拥有愉悦的购物体验，因为这里有很多品牌店的大型分店，还有很多大型办公楼，白天的时候经常会举行一些展览。而一到晚上，这里的氛围就全变了，成为了夜生活一族的天堂。

General Store 的下午茶

　　你会在下午喝上一杯下午茶吗？

　　下午茶，已经成为了日本人日常生活的一部分，这是他们注重生活品质的体现。

　　店里有很多日常生活中女孩子所需要的可爱物件。它们颜色艳丽，样式甜美。在银座，这里是一座六层楼的建筑，里面有茶室型的下午茶和露天下午茶，还有很多品牌商品。当然，也有颇受女孩子欢迎的美发店、美甲店、花店。在六楼还有插花艺术学校。整个大楼都充满着一种属于女孩子的细腻精巧的氛围。在这里，你基本上不会听到女孩子的叫喊声，可能是因为来喝下午茶的女孩子都不爱吵闹，喜欢待在安静环境里的原因。你会看到很多女孩子，提着购物篮在里面购物。她们很认真地挑选，左看右看，多方比较后才会把最中意的商品放进篮子里。

新宿有一家下午茶店，里面的食物和小吃都是有机的，特别适合追求健康生活的女孩子。店里面有很可爱时尚的座位，你可以选择坐在店里享用美食，也可以打包带回家。这家店就在新宿的Lumine 里面。

无印良品（MUJI）

现在应该没有谁不知道无印良品了吧？它最开始只是在去过日本的旅游者中大受欢迎，后来泰国也有了它的分店，之后就非常迅速地被大众接受并且喜爱了。

　　而到了它的发源地，你才会发现，泰国的分店简直小得可怜，特别是在银座的这家店，店面非常大，商品非常齐全。从有乐町车站出来，就可以看到这家店了。这里一共有三层，包罗了日常生活中可能需要的所有东西，说是一个大型采购场也不为过。

　　第一层楼的最外面有卖花的，花朵们被包装成一束一束的，让客人在买的时候就不用费时间再包装了。还有一个地方是做房屋建设咨询的，这里不光像其他地方一样卖一些建筑材料，还为想要自己动手修房子的人提供房屋设计，使客户的土地在他们的设计中得到最大价值的利用，让这些土地能拥有和东京城里一样的寸土寸金的价值。二楼有饭馆，是很有无印良品特色的餐点，还有很大的文具店、男女式服装店，简直就是一个大集合，让客人可以随心挑选。

如果二楼没有合适的商品，你不妨去三楼，这里有很耐用的电器。比如双开门冰箱，看上去很普通的一款白色冰箱，因为独特的造型和适合家庭需要的大小，深受客人喜欢。这里还卖有很多实木家具，甚至连自行车都有，相对而言，价格还非常实惠，我恨不得把所有的东西都买回家。

可惜的是，他们的电器都是使用的 110 伏电压，而泰国的标准电压是 220 伏。如果忍不住买了他们的电器，带回家后一定要配变压器，才能正常使用哟！

GGG

The Ginza Graphic Gallery（银座图形美术馆）或者被叫做 3G，是银座一个很出名的地方，就在银座美术馆内。这里有非常优秀的印刷作品。

Wako

银座最大的十字路口旁边有一家 Wako 商场，是著名的地标性建筑。一见到它，你就能想到新文艺复兴时期的建筑风格。大楼顶部的大型摆钟，是这个商场最显眼的标志。

Wako 商场是以一位好心贵族的名字命名的。商场装修得非常辉煌大气，服务员看到顾客之后都要行躬身礼，双手紧握着放在身前站着，肩膀向下。他们充当着购物助手的角色。商场有很多 Wako 公司自己生产的漂亮的东西，最出名的就是珠宝，有女式的、男式的，还有专门适合小孩子的。

在银座，有很多大型的科技类商品大楼。如果你是苹果迷，一定会喜欢苹果专卖店，这是一座很精致的黑色四方形建筑。在专卖店里，有每一代苹果所出的各式各样的高科技产品。里面还有专门的体验区，你可以亲自接触并试用这些产品。即使不买什么，只在里面感受一下高科技带来的强大体验效果，也是很开心的事情。整座建筑一共有8层，在松屋百货商场的对面。

　　如果你是索尼迷，那你也来对地方了。在银座，有专门的索尼大楼，有许多索尼自主研发和创造的高科技产品。这里所有的产品都免费对外开放，体验区还保存有索尼最早期的产品，就像一个索尼的产品博物馆。索尼大楼一共6层，如果想要看到索尼最新潮最现代的产品，这里的体验区可以提供非常诱人的体验机会。

　　如果想在舒适的空调环境下购物，在银座有好几家大型商场供选择，每一家商场都至少有8层，而且都是历史悠久，被大众所熟知并认可的老品牌，比如三越百货、松屋百货、松坂屋百货、巴黎春天百货、阪急百货、西武百货等等。还有从国外来的商店，比如巴尼斯，一进入日本就在银座开了分店。不过银座的这家店不是很大，一共只有3层，而新宿的那家店有整整9层。巴尼斯不仅有非常棒的商品，还有很多令人兴奋的导购员。就连守门的服务员，也是像保镖一样的年轻小伙子，一个个又高又瘦的，很酷很帅呢。

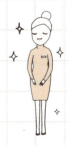

代官山（Daikanyama）
巷子深处的惊喜

　　在这次旅行中，我去过很多购物场所，而最让我喜欢的，还是代官山。

　　代官山的魅力在于，它总会带给你某些意外惊喜。你会看到很多购物的小店，这些商店都挨着很小的传统民居，而非高楼大厦。一出火车站就能买到口袋地图，让你的双脚尽情穿梭在这些小巷里吧，你会遇见许多有意思的小店。有些店开在地下室、二楼或者三楼。这里的名牌店也改变着自己，让其符合代官山的风格。这里还有很多家正宗的纯手工店。逛累了的时候，你可以去街边的小咖啡馆喝杯咖啡歇歇脚，积攒力气以继续在各条小巷中找寻惊喜。

Junie Moon & Gallery LELE

喜欢小布大眼娃的女孩子们有福了！当你们看到这家店时，肯定要幸福地尖叫，整家店里全是各种收集来的小布大眼娃。这家店以出售小布大眼娃为主，此外也有一些女孩们喜欢的小东西，比如钥匙扣、笔记本、包包等等。虽然店面很小，但是装修得特别温馨可爱。店里面有小画廊，有时候会有日本的摄影师来这里做循环的摄影展。除了能买到大眼娃之外，这里还有其他许多高质量的样式精致的洋娃娃。如果你是玩偶收藏爱好者，千万别错过了。

优尼科家居（Unico）

从火车站去往代官山，一定要去优尼科家居。这是有着四个门面的家具城，总共2层，地面全是木质地板，里面有多种家具任君挑选，有树脂家具、简单的木质桌子、各种别致图案的壁纸，还有陶瓷碗和家里必备的各类装饰用品以及厨具，让人感觉像是来到了熟悉的朋友家里一般，很放松。想摸什么想看什么，完全不用担心店员不友善的目光，因为他们欢迎所有的顾客到处参观欣赏，像是在自己家一样，绝对不会因为你东看看西瞧瞧，就心里有意见。

友好先生日常用品店（Mr. Friendly Daily Store）

友好先生日常用品店的洋娃娃总是欢笑着迎接每一位客人。开心的时候，你会觉得它特别有趣，而在你难过的时候，看到它可能心情立刻就变好了。从1988年开始，人们就可以在这里购买到所有品种的原生态产品了。你可以在这里的咖啡馆放松心情，感受来自友好先生的和平友爱。既然都来了，那就点一份他们家特有的小煎饼，配上一杯香浓的热热的卡布奇诺，微笑着享受这份美好心情。选一把靠窗的黑色椅子坐下来，看窗外来来往往忙忙碌碌的人群，自己却悠然舒适地享受着这份宁静。你也可以在店里买一张明信片，写给你正在想念的人。

Beams

在东京有很多家时尚品牌专营店（Select Shop）的分店。在代官山有三座连接起来的大楼。第一座楼的第一层是 B JIRUSHI YOSHIDA。第二层是 Beam T，这是一家专门售卖各种非主流漂亮 T 恤的店子，里面的商品来自全球，还有专门的卡槽用来挂这些 T 恤，把它们进行全方位的展现，更直观地展示它们的美丽，让人印象深刻。三座楼中的第一座楼叫做 P.O.V BEAMS，第三座楼叫做 BEAMS BOY HOME，是专门卖男生用品的地方。

Hollywood Ranch Market （好莱坞农场市场）

这家好莱坞农场市场，是代官山最值得去的商店之一。这家店主要以卖各种复古休闲风格的男女服装为主。此外，还有一些装饰品和奇奇怪怪的手工制造产品，比如带有香味的手工蜡烛和香。在店里的一个小角落里有专门供人休息的桌椅。

CA4LA

这是一家帽子专卖店。虽然店面不大，却有各式各样不同风格的帽子。店里有一面很大的落地镜，让客人在试戴帽子时，能更全面更清楚地看到戴出来的效果，让客人找到和自己的发型最搭配的帽子。店里包罗了来自全球各地的帽子品牌，很别致很新颖，你还可以在这里找到全球最流行最时尚的帽子。

在代官山各条小街小巷里面，有很多分散在各个角落的不同国籍的高端设计师设计的很棒很酷的品牌服装店。这些小店都很谦逊地开在小角落，装修也很质朴，并没有用夸张的装饰来吸引顾客，而是用实物证明自己的产品质量，这被认为是设计者对自身产品的讲究与自信。

**Vivienne Westwood, Jean Paul Gaultier's, Vivienne Tam, Tsumori Chisato, APC, Onitsuka Tiger, United bamboo, Pink + by Paul Smith, Heaven 27

快走进这些小街小巷，用自己的双脚和双眼，找到这些美丽的小店吧！

Tokyo

Guggig guide

New Edition

Shimokitazawa !

kichijoji

jiyugaoka

CÔFÉ PAPIER
Guild Merchant Shoppers

650-0023 2-5-4 MIKI BLDG 2F SAKAEMACHI-DORI CHUO-KU KOBE HYOGO JA
☎ 078-333-4344 ✉ www.cofepapier.com

No.

Price

Date

ワンガルゲー膳
オープン 11:30〜
定休日 チーズ

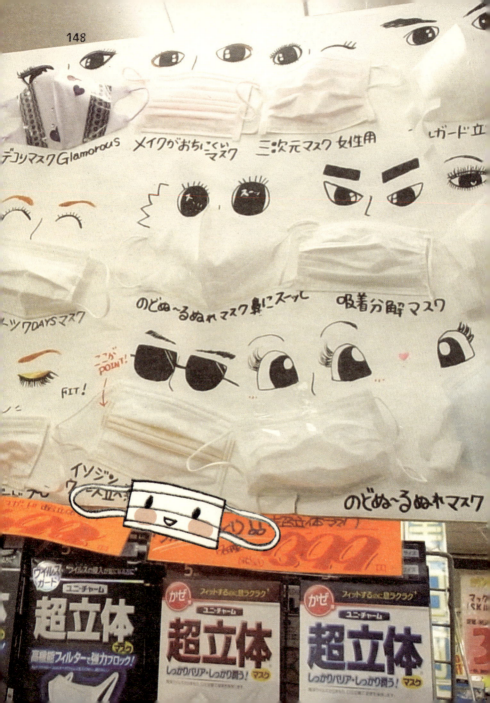

戴口罩的人

　　在日本的大街上，你会看到很多戴着口罩的人，有小孩子、年轻人，甚至是老年人。碰到这种情况，你千万不要吃惊，因为很多人为了防止花粉过敏，都喜欢戴上口罩出门，尤其是在春天，百花绽放的时候。

　　日本人流行戴口罩的原因，是出于对自己和他人的细致关怀。春季有很多花粉，人们就用这种方式来减轻花粉带来的过敏反应。而且春天的天气多变，人们很容易感冒，在路上行走的时候戴上口罩，就能更好地抵抗病毒。

　　于是，我就特别关注了一下这些口罩。它们颜色鲜艳，非常可爱。有适合女孩子的像花朵一样的口罩，还有适合孩子们的迪士尼卡通造型的口罩。你到药店或者化妆品专卖店，就会看到有专门卖各种可爱口罩的小角落。还有一种普通的适合大众戴的口罩，四周有柔软的支架，可以更加贴合每个人的脸形，对病毒和花粉过敏症等有更佳的防治效果。有一家药店把店里所有的口罩都做了展示，在画好的脸形模板上戴上口罩，让顾客忍不住对这些可爱创意大加赞赏，心情也变得好起来。

我是透明胶布

　　这种胶布在日常生活中处处显示出它的重要性，不论是饭店、书店，还是购物场所，它们的存在，让人们生活更加方便安心。

　　日本人的细心还体现在他们的包装上，而对于所出售的商品，更是非常小心。购物的时候你一定不要太心急，因为他们会为你包装好几层，先用包装纸很用心地包装好，再加一个袋子，最后才放入购物袋内，如果碰上下雨天，还会在最外面套上一个塑料袋，以防东西被淋湿。其实这样都还没结束，因为每件付了款的东西，都会在最后被贴上透明胶布，以证明这件东西已经付过款。你以为这样就完了吗？日本人真的很细致，你会发现，他们所贴的胶布都翘起一个角，这样是为了方便顾客撕掉。实在是非常贴心的小细节呢！

你好，东京

　　除了 ohiyo（早上好），konnichiwa（下午好），konbanwa（晚上好），arikato（谢谢），oeishi（好吃）等简单的日语之外，法语，也为日本这个国度增添了更多别样的风情。

　　不管是购物场合还是咖啡馆，看到一群群女孩在一起，你就一定会感受到她们的法式风情。虽然我们没有去过法国巴黎，却在日本的自由之丘见识到了它的魅力。因为在每一家店，我们都能看到埃菲尔铁塔以不同的表现形式展现在大家面前。大大小小的铁塔无不在向我们打招呼，说着 bonjour（你好）。这里的很多店铺都以法语命名。但是不管他们对法国多么狂热，都无法掩盖日本本身的可爱，比如法式蛋糕里就融入了日式风格。我们都很喜欢这种文化的融合，让很多东西有了新奇的改变，就像是不同风格的乐器大合奏，能带给人别样的感受。

BONJOUR
tokyo!

除了法式风情的咖啡馆之外，欧洲风情的优雅宫廷小推车在日本也很流行，有些卖小吃，有些卖一些零碎的小东西。这样的小推车在哪里都是一道风景线，吸引着很多女孩子光临。

下北泽

二手服装 音乐 爵士 酒吧和梦想屋

　　如果说原宿是必须要去的地方，那下北泽也不能错过。虽然在很多旅游者心中，这里并不出名，但在当地的青年人心中，这里和原宿有着同等重要的地位。

　　这里是一个能让青少年看到梦想和希望的地方。在这里，人们放松心情，做回自己。这里有很多农家小店，也有很潮很酷的店铺，还有简易的拉面店和爵士酒吧，是一个只需点一杯咖啡就可以坐上一天的休闲好去处。

　　这里的小巷子，除了有家庭式小店、礼品店、二手服装店、以复古风为特色的小店、电影院、唱片店、爵士酒吧和各种饭店之外，还夹杂着许多宾馆和公寓。大批的艺术家和音乐人在这座艺术之城寻找梦想，希望哪天能够出人头地，再回来开一家属于自己风格的小店。

木曜馆（Mokuyohkan）

　　从下北泽车站出来后，往南边一直走，在街头我发现了这家店，店里全部都是一些老旧的东西，很有年代感，有纽扣、花边、厨具、装饰品、柜子、桌子、叉子、调羹等等。

Star Verry

　　20世纪的围巾现在一定也能受到很多人的喜爱吧。不管是哪个年代，哪种风格的年轻人，都一定会有自己钟爱的服装店。而我就喜欢那种带有复古风情的衣服，所以打开我的衣柜，我妈妈一定可以轻易地在里面找出令自己心仪的衣裳。

　　我想给大家介绍的这家店叫 Star Verry。这里的每一件衣服都很时尚，价格也不贵。

Cune

　　哎哟喂，这是个什么东西啊？说它是青蛙吧，又不像。一定是什么乔装打扮的东西吧！还用布巾遮住自己，关键是竟然还穿着牛仔裤，我就实在搞不懂了。这就是我在这家叫做 Cune 的店子门前看到的吉祥物。

　　慢慢走进店里，我发现里面有些昏暗，还发现了很可爱的兔子。打听之后才知道门口的那些吉祥物其实是鸽子。Cune 品牌的这一想法，实在是太有创意了。这家店里的衣服也是不走寻常路的，比如他们的直筒牛仔裤后面的口袋是品牌商标的兔子造型，T 恤上面的图案，都是别家没有的，非常新颖别致，穿出去一点都不担心会和别人撞衫。只需要在店里到处看看，你的心情都会不自觉地好起来。

前卫村

　　你能想到的所有小杂物都可以在这家店子里找到。这里有许多小角落，里面有很多奇奇怪怪逗人开心，让人开怀大笑的小玩意儿，比如，明明面对它时看到的是静止不动的洋娃娃，而当你把它转到另一面再看的时候，看到的却是撑跤手戴着面具的脸。这种组合是该店的一大魅力。这家店最开始以卖书为主，到后面慢慢地增加东西，成了一家综合商店，也很好地迎合了当地年轻人的心理，成为了他们购物的必选地。

这张照片是在前卫村附近拍摄的，是一家超市里的场景，有很多家庭主妇和老奶奶正在选购商品。从照片中也可以看到，结束购物的人们正在使用自助打包台，全神贯注地把买的东西装入包装袋中。

Lotty

店主把具有美式复古风情的一些小东西放在店里，让这里充满了 20 世纪 50 年代的怀旧感。我很欣赏店主的品味，特别是里面的装饰珠宝，戴在身上，马上就能改变一个人的风格，让我变成了一个和那个时代融合的女孩。

自由之丘
欧洲与下午茶

　　我在来日本旅游之前，就在杂志上看到过这里的照片，非常漂亮。当时我就想这里是我到东京之后必须要去的地方之一。在这里有很多很棒的店，也有很多不容错过的好东西。我从杂志和书本上多少对其有些了解，也是从那时起，我的心就跟着去了。

　　这是个晴朗的下午，阳光正好，我按照计划来到了梦想中的地方。而让我感到奇怪的是，自由之丘充满了欧洲风情，而且这种风情与日本本土文化融合，形成了属于东京的别样情调。

　　这里的每家商店，都多多少少向大众展示着欧洲和日本相融合的特别魅力。你还会发现这里有很多蓝眼睛棕色头发的日本混血儿。

Evam Eva

　　自由之丘的欧洲风情，可以从很多有着法国乡村风格的服装店看出来。Evam Eva 的衣物所用布料都是有机健康的，连染色都很素淡，最适合穿着规矩的女孩子们。而我更喜欢每套衣服上的配饰，因为每件作品的细节设计都非常朴素大方，让人舒心。每每看到这些东西，心里都有一种温暖舒适的感觉。包括那种在有风的时候穿的针织毛衣，紧实温暖，非常漂亮。

Cibone 店

　　在自由之丘，也有家具店和 Lifestyle 商店，而且有很多可供选择的品牌，比如 IDEE、MOMO Natural 等等。如果你是热爱生活、注重每日生活细节的人，千万不要错过这些店。来这里购物的年轻男女，都喜欢一些特别的、能展示自我风格的东西。而这里的商店也是如此，有着自己显著的特色和与众不同的气质，以吸引更多年轻人的青睐。

　　这家名叫 Cibone 的店子，就是一家谁也抗拒不了的名店。店里的产品都是自主设计的，包括房屋装饰品、生活用品、家具、书本和衣服。相信我，你会有一种想把它们全部搬回家的冲动的！

Mieux 店

在这家店里，店主营造了一种属于自由之丘特有的氛围。店主专门挑选了一些古董级的小东西，来搭配店里面的碗碟和其他餐具，为整个店面增添了别致的元素，更显可爱精致。虽然这些东西的产地不同，看上去却毫无违和感。而纯白色的墙面、柜台或者椅子以及店门口的白色漏斗，能让人们更容易发现隐藏在各种餐具中间的树木、小鸟、瓢虫和蘑菇。你一定会停不下选购的脚步的。

还有一个角落是专门的钥匙扣和复古胸针区域，逛这里就像看一场集中展览一样，因为这里实在有太多钥匙扣、胸针和纪念品了。

Trinchi

　　这里是自由之丘唯一能算得上商场的地方了。你若想在这里找到普拉达或者西武百货，那肯定要失望了。因为这里只有自主经营的小店，热情友好地相互竞争着。

　　这里有多家商店聚集在一起，一共两层，主要出售装饰品。在这里逛上一圈还是很有趣的，逛累了的话，推荐你去 Karal Capek 里面休息休息，喝喝茶，那有很好吃的曲奇和各种茶可供选择。

三只狗面包店

在这一片区有很多家面包店，出售法式甜甜圈、英国甜品，或者一些奇奇怪怪的新式蛋糕。日本本土的甜品也有很多，可以让你吃到走不动路。只要你不担心长胖，那就敞开肚皮吃起来吧。

而我要说到的这家店，却是专门为狗狗开的一家店，最合那些喜爱狗狗的年轻男女的心意。这里提供狗粮、狗玩具和狗狗美容服务，还有专门给狗狗的糕点，保证你一定分不清这到底是给人吃的还是给狗狗吃的。这些糕点能使狗狗骨骼强韧，而且还有多种口味，是真正对狗狗有好处的东西。店家把做好的狗点心摆盘放在橱窗里卖，就像所有普通的面包店一样。

Hotch Potch

在本书中，我已经介绍了太多的精品店，也许你已经失去了新鲜感，但我现在要说的这家店，实在是因为听说过太多次，所以必须去打探一番。

这真的是一家不容错过的精品商店，主打自主设计生产的礼品。一楼是一些色彩鲜艳的洋娃娃和玩偶。二楼都是自己设计的房屋装饰品。店门口有一只橡胶制作的玩具马。每逢节假日，店家都会为它装扮一番，穿上不同的服装，真的非常可爱。

吉祥寺 (kichijoji)

　　人总有心情浮躁的时候，偶然的一阵舒适的微风把我带进了吉祥寺的世界，在这里，有着令人沉醉的爱的气息。

　　在这里，很多真正的好店就像在跟你捉迷藏一样，需要慢慢地被发现。有些店铺很热闹很花哨，而有的却安静而素雅。在吉祥寺，不管是你想在大型商场里闲逛，还是去穿越各种小巷寻找别样的惊喜，这里都可以满足你。这里的商场，还很有属于吉祥寺的特殊魅力呢。

狂欢市集

  从吉祥寺车站北门出来，左转走不了多久，就能看到一座很普通的大楼，里面的货物非常凌乱拥挤，顾客的购物通道也非常窄。面对各种凌乱的商品，你一定看得目不暇接了吧。这里有女孩喜欢的专用文具，那里有纱线、棉线、丝带，还有各种包包。二楼就更具有诱惑力了，全部都是一些可爱的，自主设计的产品。

  在狂欢市集里，三宅（Miyake）商店隐藏其中。三楼全是房屋装饰用品和复古家具。最顶层卖的是各种文具和零碎的小东西，虽然不起眼，却非常可爱。二楼则以房屋装修产品为主，包括卧室、卫生间、厨房装修。这里还有一些很可爱又实用的厨具。

Coeur de Coeur

Coeur 在法语中的意思是"心"。这家店有两家分店。从店名就可以看出，这一定是个很能抓住人心的好地方。两家店都开在吉祥寺的一条小巷子里。

这两家店，像是两位关系很要好的闺蜜，都喜欢一些可爱的零碎的小东西。在中道（Nakamichi）购物街上的 Coeur de Coeur 店，看上去更喜欢一些色彩鲜艳的东西。里面卖有房屋装修品、日用品和厨具，现代风格和复古风格都有。

而另外一家 Coeur de Coeur 店，离 Unico 很近。它的风格则很低调，卖的东西更富创造性，而且比第一家店时尚现代。

中道购物街的 Coeur de Coeur 旁边，有一家非常值得一试的自制意大利面店。店面装修以白色和蓝色为主，店名叫做 Café Montana，如果你在这里正好肚子饿了，不妨去尝尝看啦。

我在街上逛的时候总喜欢注意某些细节。在吉祥寺，我发现这里的地面上有很多注意防火的指示牌或者标志。还有在某些管盖上面，有消防员被大火困住无法脱身的图片，这也是一种可爱的警示方式。

帕可（Parco）百货

　　这家商场就在狂欢市集的对面，除了展现以生活方式为主题的概念，并受到女性朋友的大力追捧之外，在地下一层还有秘密武器：Libro 书店。里面有很多设计类书籍。而整个商场最了不起的地方，在于它的最上面两层。第七层全是女生的最爱，有很多零碎的小东西。整层楼全是女孩们梦寐以求的商店和品牌店。可以说每一个开在这里的店铺，都是女孩们的心爱之地。

　　我现在要介绍的是一家一定不能错过的小精品店，Cadeau Handmade（Cadeau 手工店）。这家店还有一个很大的分店，叫做 Jamcover，在下北泽那边。这家店里的东西，大都是手工艺术家们自己制作的作品，也有一些是从品牌店进货的。

　　还有一家店名叫 Petie Jam，店里摆放着很多洋娃娃，每一件都很精致可爱，女孩子见到一定会喜欢到尖叫的。

　　再往前面走，会看到一家叫做"厨房 厨房"的店，这家店用满满的真诚与好品质帮你打造完美的家。这里的所有东西都超级可爱，价格也很实惠。这家店的宗旨在于，让女性朋友都拥有实惠又可爱的家居用品。使用他家的产品，自己就可以把家里打扮得像咖啡馆一样浪漫。

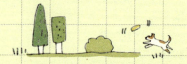

井之头恩赐公园 (Inokashira Park)

　　沿着公园指示牌标注的出口那条路一直走，就可以看到井之头恩赐公园。一路上都有咖啡馆和小的精品店。我去的时候，正是樱花盛开的季节，路的两边种满了樱花树，让原本就不宽的小路上挤满了散步看樱花的人。好在井之头恩赐公园视野很开阔，给了我们安慰。公园里到处都开满了樱花，来游玩的人都很兴奋，我们一路上都能听到愉快的歌声。受这种热闹的氛围影响，我们的心情也变得美丽，内心充满着粉红色。如果时间充裕，你不妨穿上舒适的衣服，买些小点心，去这里野餐，这种美好的心情可以持续很多天哟！

薄饼狂欢日

对于喜欢薄饼的人来说，每天早上都必须吃这家店的薄饼才行。

这家店所有的薄饼都制作简单而美味，连我也迷上了它的味道，每天都必须吃上几个。薄饼分咸、甜两种味道，看到这样的美味，怎么可能不心动嘛？

我最喜欢这家店的微笑薄饼，总是一销而空。每一张微笑薄饼上都有一个真诚的笑脸迎接你。虽然很可爱，却也阻挡不了我吃掉美味的决心。薄饼带着热气和香味，还夹杂着当季水果特有的果香，或者新鲜煎蛋、火腿和熏肉的味道，让人食指大动，吃得心满意足。这里还有简单的奶油薄饼，淋上蜂蜜，给人一种甜而不腻的饱满口感。相信你也一定会爱上有薄饼相伴的每一天。

版贸核渝字（2015）第188号

图书在版编目（CIP）数据

可爱东京小旅行 / （泰）娃娃著；李巧娅译 . —重庆：重庆出版社，2018.12

书名原文：Tokyo Guggig Guide

ISBN 978-7-229-13413-6

Ⅰ.①可… Ⅱ.①娃… ②李… Ⅲ.①旅游指南—东京 Ⅳ.① K931.39

中国版本图书馆 CIP 数据核字 (2018) 第 170770 号

可爱东京小旅行

KE'AI DONGJING XIAO LÜXING

［泰］娃 娃 著 李巧娅 译

责任编辑：钟丽娟
责任校对：谭荷芳
装帧设计：刘沂鑫

重庆出版集团 出版
重庆出版社

重庆市南岸区南滨路 162 号 1 幢 邮编：400061 http://www.cqph.com
重庆出版社艺术设计有限公司制版
重庆奥博印务有限公司印刷
重庆出版集团图书发行有限公司发行
E-MAIL:fxchu@cqph.com 邮购电话：023-61520646

全国新华书店经销

开本：880mm×1230mm 1/32 印张：6 字数：150 千
2018 年 12 月第 1 版 2018 年 12 月第 1 次印刷
ISBN 978-7-229-13413-6
定价：35.00 元

如有印装质量问题，请向本集团图书发行有限公司调换：023-61520678